I0448458

www.ingramcontent.com/pod-product-compliance
Lightning Source LLC
Chambersburg PA
CBHW080548290526
45790CB00006B/2597
* 9 7 8 1 5 0 3 1 9 6 5 4 4 *

تقرير عن حالة الديمقراطية التشاركية
2014

مشروع الجوع ، بالشراكة مع صندوق الأمم المتحدة للديمقراطية

The Hunger Project
Union Square West 5
New York, NY 10003
Telephone: +1-212-251-9100
www.thp.org
Project site: localdemocracy.net

ائتمانات الصورة: The Hunger Project

أخبار سارة عن الديمقراطية

أخبار سارة عن الديمقراطية... نعم، هذا صحيح. بالرغم من الأعمال الاستبدادية الوحشية الناتجة عن النزاعات المسلحة للهيمنة السياسية في مناطق شتى من العالم، هنالك قصص ناجحة للتطور اليومي للملايين من النساء والرجال الآخذين بزمام أمورهم على المستوى المحلي.

الدرس الأساسي الذي يمكن للدولة أن تستشفه من تقرير وضعية الديمقراطية التشاركية هو أنه في كثير من البلدان التي تتميز بنظام ديمقراطي هش محليا وتفتقر إلى ثقافة احترام حقوق الإنسان غالبا ما يتم ترسيخ مبادئ الديمقراطية لديها بفضل تشريعات جديدة. ولقد أثمر هذا التوسع في الديمقراطية المحلية القائمة على المشاركة تحسين الخدمات العمومية وإشراك المجتمع المدني في صياغة قوانين جديدة.

ما هي مستجدات تقرير هذه السنة:

نظام بلا مركزية أكبر: يتجلى هذا في كون البلدان التي لطالما اعتمدت على أنظمة مركزية طويلا باتت تمنح استقلالية أكبر للحكومات المحلية.

تخصيص استثمارات أكبر في بناء القدرات المحلية: معنى هذا أن البلدان التي كانت تعتبر فقيرة أحرزت تقدما كبيرا في قطاع الصحة والزراعة والتعليم من خلال تكوين عشرات الآلاف من المعلمين والمرشدين والعاملين الصحيين.

تأهيل عدد أكبر من النساء القياديات: في هذا الإطار، ارتفع عدد النساء والرجال الذين صاروا واعين بحق وضع المسؤولين المحليين أمام امتحان المساءلة.

تسهيل الولوج إلى التكنولوجيا: لقد عرفت وسائل التكنولوجيا انتشارا واسعا من أكبر مدينة في بنغلاديش إلى أصغر قرية فيها، مما سهّل عملية الولوج إلى المعلومات وبَسَّط الاستفادة من الخدمات العمومية ويسّر ربط الاتصال بين المواطنين وحكومتهم ورفع من الشفافية والمساءلة.

تعاون أكبر بين الحكومة والمجتمع المدني: بينما تقوم بعض الحكومات بتحجيم دور المجتمع المدني خصوصا الجمعيات التي تنشط في قضايا حقوق الانسان وحماية البيئة، قامت حكومات أخرى بإنشاء آليات متينة لتعزيز التعاون مع فعاليات المجتمع المدني.

مزيد من التوضيح بشأن ما يمكن عمله: فيما يتعلق بهذا الجانب، أصبحت العوامل الرئيسية في قياس المؤشر متعدد الأبعاد معروفة بشكل واسع، مما دفع بنشطاء الحكامة المحلية إلى المطالبة بميثاق عالمي للحكامة المحلية.

مزيد من الاعتراف على المستوى العالمي: لقد بذل المجتمع المدني جهدا حقيقيا في بلورة أكبر حوار تشاركي حول السياسات عرفه العالم لتسطير أهداف التنمية المستدامة لما بعد سنة 2015 والذي تم فيه الاعتراف أخيرا بأهمية الحكامة المحلية.

هذا لا يعني أن الحكامة المحلية الراهنة فعالة وتشتغل بكل شفافية وأنها محط مساءلة وأن كل الأمور على ما يرام.

توسيع قاعدة الممارسة العالمية المشتركة

توسعت قاعدة الممارسة العالمية المشتركة لتلهم منظمات المجتمع المدني، أيضا، التي عملت لعقود لتحويل وجهة السياسات الوطنية نحو إشراك عدد أكبر من المواطنين في إرساء دعائم الديمقراطية المحلية في مناطق تتوفر على نظام ديمقراطي هش بإفريقيا و الشرق الأوسط والبلقان وآسيا الوسطى. خلال هذه السنة، توسعت جماعة الممارسة المشتركة العالمية لتضم دول الشرق الأوسط وشمال إفريقيا بما في ذلك الدول العربية وغرب آسيا.

لقد قمنا بدعوة منظمات المجتمع المدني إلى تنظيم حلقات نقاش بين مختلف الأطراف ذات الصلة من مسؤولي السلطات المحلية والحكومة المركزية والمجتمع المدني والمجموعات النسائية وفاعلين من الأوساط الأكاديمية والقطاع الخاص والوكالات الدولية (عند الاقتضاء). وطلبنا من كل مجموعة التركيز للوصول إلى اتفاق حول كل سؤال من أسئلة الاستطلاع وقمنا بتوفير مساحة للتعليقات في حالة عدم التوصل إلى إجماع في الرأي.

وتنشر منظمات المجتمع المدني المشاركة أفكارها وخلاصاتها حول قيمة هذا العمل المتعدد الأطراف في الموقع الإلكتروني: http://localdemocracy.net.

تحسين جودة المعطيات ومصداقيتها

من الأمور التي اكتشفناها العام الماضي هو أنه عمليا لم يستطع أي ممارس الوصول إلى المعلومات اللازمة لتقييم الديمقراطية المحلية في كل أبعادها، سواء من حيث ما هو منصوص عليه في القانون أو ماهو موجود على أرض الواقع.

كما كنا قد قسمنا عملية التقييم إلى قسمين: قسم يتكون من أشخاص لهم دراية بالقانون وقسم يتكون من أشخاص لهم دراية بأرض الواقع. ورغم مضاعفتنا للجهود بما تتطلبه المهمة، لم نكن راضين عن نوعية وصحة معظم المعطيات المحصل عليها. فمن أصل 90 بلدا التي شملها هذا التقييم، 35 فقط هي التي توفرت فيها معطيات قابلة للاستعمال.

وبناء عليه، خلصنا إلى أن أفضل نهج لسنة 2014 هو: 1- تبسيط التقييم من خلال اعتماد وسيلة واحدة أثناء القيام بالدراسة لمعالجة كل ما له علاقة بالشق القانوني وما له علاقة بالتنفيذ مع طرح العديد من الأسئلة الموضوعية. 2 – نشر الدراسات التقييمية ليتم ملؤها من قبل المجموعات والأطراف ذات الصلة بدلاً من الأفراد.

تنظيم هذا التقرير

الاستنتاجات التي توصلنا إليها هي كالتالي:

- **الملامح القُطرية** بالترتيب الأبجدي عن حالة الديمقراطية التشاركية المحلية في 32 بلدا التي احتضنت النقاش.
- تم تنظيم الملامح القطرية السبعة أبجديا، وهي عبارة عن مقالات تسلط الضوء على جوانب هامة من تطور اللامركزية في بوليفيا وإندونيسيا والأردن وملاوي والمغرب والسنغال.
- **نص دراسة أجريت سنة 2014**
- **النتائج والترتيب لدراسة أجريت سنة 2014.** *تشتمل النتائج على بيانات محصل عليها من 23 بلدا كانوا محط الدراسة* (مكتوبة **بالبنط العريض**) إلى جانب بيانات محصل عليها من قبل أفراد 20 بلدا إضافية (مكتوبة *بالخط المائل*).

موجز لأبعاد الدراسة

مواطنون نشيطون

- **الوعي:** المواطنون على دراية بحقوقهم وعلى علم بقرارات الحكومة.
- **شامل:** أصوات النساء والفئات المهمشة مضمونة في عمليات صنع القرار.
- **التنظيم:** يتم تنظيم المواطنين للتفاوض بشكل جماعي مع الحكومة المحلية.
- **المشاركة:** المواطنون وفعاليات المجتمع المدني والقطاع الخاص ولوبي الهياكل الحكومية.

اللامركزية السياسية

- **الديمقراطية:** جرت انتخابات مفتوحة للمناصب على جميع مستويات الحكومة.
- **الشفافية:** في الإجراءات الحكومية والقرارات وعمليات صنع القرار وإحصاء الأصوات من قبل أطراف أخرى تابعة للحكومة وفي بعض الحالات تُسند هذه المهمة للمؤسسات الخارجية.
- **المساءلة:** هناك آليات تُمكن المواطنين من التدخل في عملية صنع السياسات ورصد حالات الفساد.
- **الحكم الذاتي:** تتوفر الحكومة المحلية على السلطة والقدرة والمرونة للاستجابة للتغيرات الاجتماعية والمطالب. كما تأخذ بعين الاعتبار تطلعات المجتمع المدني في تحديد المصلحة العامة وتقديم النقد البناء لإعادة النظر في دور الحكومة.

اللامركزية الإدارية

- **اللامركزية:** وجود تمثيلية للحكومة تنهج سياسة القرب من المواطنين وتقدم لهم الخدمات العمومية مع وجود إطار قانوني شفاف يدعم اللامركزية والتطبيق المتساوي لجميع القوانين والشرائع والأحكام من قبل الحكومة.
- **التكوينات:** يتلقى مسؤولو الحكومة المحلية ومنظمات المجتمع المدني الداعمة للحكومة المحلية دورات تكوينية بصفة منتظمة.
- **الفعالية:** تسعى الحكومة لتقديم مردودية أفضل بتكلفة أقل مع الحرص على تلبية أهداف واضعي السياسات.

اللامركزية الجبائية

- **المدعومة:** الحكومة المحلية قادرة على تعبئة الموارد المحلية والحصول على حصة +20 في المائة من الموارد العامة.
- **المستقلة:** للحكومة المحلية الحرية في تخصيص الميزانيات حسب أولوياتها المحلية.

التخطيط لمختلف القطاعات

- **الكفاءة:** تتوفر الحكومة المحلية على التفويض والمهارات والموارد لإشراك الأطراف المعنية في التخطيط الطويل الأمد للخدمات الأساسية.
- **التداولية:** مشاركة المواطنين في مناقشة جدية حول الأولويات المحلية وانعكاس خلاصات هذا النقاش على السلطة.

ملاحظات حول المعطيات المحصل عليها سنة 2014.

- **إفريقيا الفائز غير المنتظر**: احتلت بلدان إفريقيا جنوب الصحراء مرتبة عالية مسبوقة بمعظم البلدان المتقدمة. كما احتلت مجموعة فرعية من البلدان الإفريقية (بوروندي والسنغال وإثيوبيا وليبيريا) أربعة من أصل خمسة مراتب الريادة. وهذا يدل على الالتزام القوي باللامركزية، حيث أفادت آراء المشاركين في الاستطلاع أن الصعوبة تكمن في التنفيذ. **إثيوبيا** على سبيل المثال، كبلد فيدرالي كبير، قام باستثمارات واسعة النطاق في التنمية المجتمعية من خلال تدريب عدد كبيرة من العاملين في قطاع الصحة ومجال الإرشاد الزراعي محليا. التقرير حول السنغال، مثلا، سجل أن بلدان حديثة التبني لنظام اللامركزية احتلت مراتب أعلى بكثير من دول قطعت أشواطا في اعتماد نظام اللامركزية مثل أوغندا وغانا. وبالتالي فالمشكل يرجع بالأساس إلى **اتساع الهوة** بين القوانين وطرق تنفيذها. ففي بعض الأحيان يكون الإطار القانوني ملائم جدا ومواكب للتطورات في حين تصورات التنفيذ تكون متأخرة عن الركب.

- تذيلت دول **الشرق الأوسط وشمال إفريقيا** الترتيب، وهذا الأمر ليس مستغربا نظرا لأن معظم هذه الدول لا تعتبر جمهوريات ديمقراطية حتى على المستوى المحلي. نعم، فكما هو مبين في الملامح القطرية للمغرب والأردن هناك إطلاق مبادرات جديدة لتحقيق مسلسل اللامركزية.

- سجلت بلدان **وسط وغرب آسيا**، وهي بلدان تم إدراجها حديثا، ترتيبا متوسطا مما يبعث على الاندهاش لوجود فجوة بين القوانين وطرق تنفيذها.

- **شرق وجنوب آسيا**: احتلت **اندونيسيا** أعلى مرتبة في هذه المجموعة على الرغم من وجود أكبر هوة بين اللامركزية التي أنشئت مؤخرا وتصورات المستجوبين حول التنفيذ. أما أندونيسيا فلها مؤشرها الخاص للحكامة المحلية الوارد في: الملامح القطرية لأندونيسيا.

- تمتاز **أمريكا اللاتينية** بدرجة عالية فيما يخص هيكلها القانوني، إلا أنه هنالك فجوة بين هذا الأخير وآراء المستجوبين حول طرق التنفيذ خصوصا في قطاعي المالية والتخطيط.

- سجلت **معظم البلدان المتقدمة** التي شاركت هذا العام أفضل النتائج وهي أنظمة لها باع طويل في الديمقراطية المحلية وإن لم يكن بالأفضلية التي كان يتوقعها البعض. على سبيل المثال، فإن الحكومة الوطنية الأمريكية "الجديدة" من الحكومات المحلية ولهذا السبب ليس لديها إطار لسياسة وطنية خاص بدور الحكومات المحلية.

- **البعد السيكولوجي** بالرغم من سعينا إلى جعل الأسئلة القانونية والتصورية للاستطلاع موضوعية ما أمكن، فثمة ارتياب يساورنا حول كون الهوة بين القوانين والواقع قد تعكس درجة من "التوقع" المنحاز؛ أي أن تفاؤل الأفراد أو تشاؤمهم حول احتمال التقدم على المدى القريب يؤثر على تصوراتهم.

كيف ينبغي أن تسير الأمور؟

يقول المثل:" كل سياسة، في حد ذاتها، محلية". المثل يعكس حكمة أن القضايا التي تهم، حقا، الحياة اليومية للناس، من قبيل الماء والتطهير والرعاية الصحية الأولية والتربية الأولية والحصول الدائم على الغذاء السليم بأسعار معقولة والولوج إلى الأسواق وفرص الشغل والسلامة القاعدية والعدالة الاجتماعية (كل هذه القضايا) ينبغي أن تُدار وتُحل محليا... كلها رهينة بسياسة حكامة محلية متفاعلة وفعالة.

هنالك طريقة بسيطة للتفكير في هذه القضية. يتعلق الأمر بكل بساطة بطرح السؤال على هذا الشكل: لو كانت الأمور تُنجز حقا وعلى نحو مستدام هنا، فبأي شكل كان يمكنها أن تشتغل؟ وإذا كنت مواطنا أتمتع بحقوقي (ليس رعية خاضع لسلطة أعيش بجودها وأهوائها)، فكيف سيكون عملي إلى جانب بقية المواطنين من أجل ضمان حياة مستدامة في مجموعتي التي أعيش بين أفرادها؟

مؤشرنا متعدد الأبعاد يذهب إلى ما بعد الأبعاد الثلاثة التقليدية للامركزية الحكم (البعد السياسي، البعد الإداري والبعد الجبائي). مؤشرنا (معيارنا) يبدأ من مواطنة نشيطة ويشمل الدور الحيوي للقطاع الاجتماعي والخاص في مسلسلات التخطيط.

تخيل، إذن، أنك أما وأن المدرس المكلف بتدريس ابنك لا يحضر بشكل منتظم إلى الفصل ليؤدي واجبه المهني. ما العمل؟

أولا، ينبغي أن تكون **مواطنا نشيطا متمتعا بصفة المواطنة** الكاملة و**واعيا** بما يمكن أن تفعله وكيف تفعله، كما يجب أن يكون في بلدك قانون متعلق بالحق في المعلومة الذي يمكنك - وفي أجل معقول- من أن تعرف ما إذا كانت قضيتك قضية تخصك أنت فقط أم أن الأمر يتعلق بمشكل عام. حكومتك المحلية ينبغي أن تضمن لك آلية فعالة لمراقبة المدارس وتضع رهن إشارتك بشكل علني "ميثاق المواطن" وتدلك إلى الجهات التي ينبغي الاتصال بها والتي تهتم بهذا المرفق العمومي.

يجب أن يكون المسلسل **كاملا** يدمج في مكوناته ما يلي: ينبغي أن ينصت الموظفون إليك كما ينصتون إلى أي رجل في حال كنت امرأة. والعكس صحيح. كما ينبغي أن يكون ضمن الأشخاص المكونين للسلطة المحلية امرأة يمكنك أن تلجأ إليها.

أنت مواطن **منظم** - نتمنى ذلك- في حياتك باعتبارك عضوا في جمعية تشاركية لآباء التلاميذ والمدرسين، تزاولون أنشطتكم بانتظام، وهو ما يمكنه أن يمنحك القوة ويخول لك اللجوء إلى شخصيات من شأنها أن تملك الحل لمشكلتك عند الحاجة. ويمكن، عند الحاجة أيضا، أن تساعدك جمعيتك على اللجوء إلى القضاء وعرض مشكلتك أمام المحاكم.

ثانيا، يجب أن تكون لك حكومة تمثل مصالحك المحلية، وأن يكون مجلسك البلدي **منتخبا بطريقة ديمقراطية** وأن يكون في مقدورك أن تتقدم للانتخابات إذا رغبت في ذلك. أما مجلسك المحلي فينبغي أن يكون مستقلا لكي يكون في مستوى أن يلبي انتظاراتك بدل أن يكتفي بتنفيذ الأوامر المفروضة من فوق. خلافا لذلك، لا ينبغي أن يكون بمقدور البيروقراطيين أن يسحبوا أو يلغوا القرارات المتخذة من قبل مجلسك الجماعي دون المرور من المحاكم. مجلسك المحلي يجب أن يكون نزيها، **مسؤولا** (كما يتبين من نتائج الافتحاصات وتقارير المراقبة) و**شفافا** في ما يقوم به من أعمال.

ثالثا، ينبغي أن تكون الخدمات العمومية مسيرة محليا وأن يكون في مقدور المجلس المحلي أن يفرض قرارا بفصل المدرس حتى وإن كان المدرس هو ابن أخ أو أخت المحافظ أو الحاكم. لهذا الغرض، يجب أن يكون المتصرفون المحليون **ذوي تكوين مناسب** و**فعّالين** في عملهم.

رابعا، يجب أن تكون حكومتك المحلية ممولة تمويلا كافيا. قد يكون المدرس لم يتوصل بأجرته الشهرية منذ ثلاثة أشهر لأن الحكومة المركزية لم تنجح في تحويل الأموال اللازمة إلى الحكومة المحلية في الوقت المناسب. الأمثل، هنا، أن تكون جماعتك المحلية قادرة على الرفع من مداخيلها الخاصة أو أن تتلقى أموالها المركزية - في حال كانت فقيرة من حيث المداخيل- طبقا لميكانيزم شفاف. فضلا عن ذلك، يجب أن يكون المجلس المحلي **مستقلا** في تشكيل ميزانيته الخاصة وفي مراقبة أمواله، ولا ينبغي أن يستحمل تعقد وبطء طبقات البيروقراطية المحلية في سبيل الحصول على التصديقات والموافقات اللازمة.

خامسا، ينبغي أن يكون في مقدور جماعتك التخطيط للأشغال والمشاريع المحلية. قد يكون المدرس تغيب عن الفصل لأن الطريق المؤدي إلى المدرسة غير آمن أو أن المدرسة تعدم المرافق الصحية التي تسهل العمل فيها لأن المجلس البلدي السابق كان برمج إصلاحها، لكن المجلس المنتخب حديثا ألغى كل الإصلاحات في عهده الجديد ولم يفكر في وضع التخطيطات الخاصة به. من أجل تفادي مثل هذا الأمر، تحتاج الجماعة إلى مخطط **بعيد المدى** يمتد في الزمان في **استقلال** عن مخطط المجلس الجديد، وذلك من خلال ميكانيزم تخطيطي متعدد القطاعات يشمل أصوات وأولويات المدرسين والمقاولات المحلية والمجموعات الثقافية والسكانية وكل الناس، أي كل الناس الذين سينتخبون المجلس المحلي الذي سيكون قادرا على تنفيذ المخطط المقرر على أرض الواقع.

إن ضمان الخدمات العمومية الأساسية لم يكن أبدا قضية إدارية سهلة ولا بسيطة، بل هو ممارسة يومية تقتضي، في الوقت نفسه، ضمان حقوق الإنسان.

فضلا عن ذلك، **فتحويل الفرد ونقله من وضعية "الرعية" إلى وضعية "المواطن" هو أكبر حكاية لم تنته بعد في التاريخ البشري**. في البدء والأصل، كانت دائما الإنسانية تحمل في طياتها مبدأ الكرامة الإنسانية: فكل شخص من حقه ومن مسؤوليته أن يكون سيد مصيره.

مجهود جماعي

الديمقراطية المحلية التشاركية، في حد ذاتها، عمل جماعي. في هذا الصدد، نثمن كثيرا العمل الجماعي النشيط الذي بُذل في سبيل إنجاز هذا المشروع، كما نثمن التمويل السخي الذي ساهم به صندوق الأمم المتحدة للديمقراطية والذي مكننا من إنجاز هذه الدراسة في أحسن الظروف.

بتوصية من صندوق الأمم المتحدة للديمقراطية وبينما كنا منكبين على جمع المعطيات، جعلنا من استقلالية منظمات المجتمع المدني، التي تشتغل على مشاريعها التنموية في الجبهات المتقدمة الصعبة، أولوية مطلقة هذا العام، 2014. كما أننا ممتنون كثيرا للمنظمات، الآتي ذكرها أسفله، التي استقبلت مجموعات الحوار والنقاش الأربع والثلاثين المنتمية إلى اثنين وثلاثين بلدا عبر العالم.

ممتنون، أيضا، لمئات المنظمات الحكومية وغير الحكومية، المنتمية إلى القطاع العام والخاص معا، التي انتدبت ممثليها للحضور إلى اللقاءات والندوات التي عقدناها طيلة فترة عملنا.

البلد	الجهة المنظمة
أزربيجان	مركز التنمية الاقتصادية والاجتماعية (CEDD)
بنغلاديش	بنغلاديش THP
كمبوديا	شراكة المجتمع المدني في كمبوديا
الكامرون	منظمة التأمل والعمل الفعلي من أجل التنمية في إفريقيا (RECAAD)
الشيلي	العمل من أجل الأرض
كوستا ريكا	مؤسسة أمبيو (AMBIO)
كوستا ريكا	بانيامور (PANIAMOR)
كوت ديفوار	اتفاقية المجتمع الإيفواري (CSCI)
جمهورية الكونغو الديمقراطية	انقاذ المناخ
إثيوبيا	جمعية المهاجرين قسرا (AFM)
غواتيمالا	العمل المدني
الهند	المعهد الهندي للعلوم الاجتماعية.
أندونيسيا	Koalisi Perempuan Indonesia
الأردن	مركز الحياة لتنمية المجتمع المدني
قرغزيستان	المبادرات المدنية العالمية (GCI)
لبنان	المؤسسة اللبنانية للسلم المدني الدائم (LFPCP)
ليبيريا	شراكة الشباب للسلم والتنمية (YPPD)
مالاوي	مالاوي THP
ماليزيا	(Persatuan Aliran Kesedaran Negara (Aliran
مالي	إس أو إس- الديمقراطية
جزر موريس	تحالف شبكة موريس للسياسة، البحث والعمل من أجل التنمية المستدامة (ANPRAS)
المكسيك	المكسيك THP
المغرب	مركز الدراسات والأبحاث في العلوم الإنسانية (مدى)
نيبال	مؤسسة" Go Go"
النيجر	YMCA النيجر
نيجيريا	مركز الحرية والتنمية (CDD)
باكستان	لجنة المواطن حول التنمية البشرية (CCDH)
باكستان	منظمة الشباب من أجل التنمية الاجتماعية (OYSD)
باراغواي	بذور من أجل الديمقراطية
الفلبين	مؤسسة تنمية الحكم المحلي (LOGODEF)
سيراليون	الديمقراطية في سيراليون (DSL)
السودان	المبادرة السودانية للتنمية (SUDIA)
تاجيكستان	مركز المبادرة المدنية
أوغندا	أوغندا THP

وكما تمنينا، فقد لقي نشر التقرير للعام 2013 ترحابا وصدى كبيرا خلال العديد من اللقاءات كما كان الشأن في الأمم المتحدة بشراكة مع الحكومة المكسيكية ومع منظمة InterAction والبنك العالمي/ الشراكة العالمية من أجل المساءلة الاجتماعية وOpenGovHub، ثم مؤسسة كونراد أدناور في مدينة برلين.

التقرير يقدم، أيضا، العمل الجماعي الشامل الذي شاركت فيه مصممتنا في الهند ليزا شيريان، ومترجمتنا إلى اللغة الإسبانية بمدينة مكسيكو فيكتوريا فوينتيس ومترجمتنا إلى اللغتين الفرنسية والعربية بباريس ريم الشطبي.

أما الاستطلاع فقد ترجمه إلى الفرنسية زميلنا مارغو يوست وإلى الإسبانية أريادنا سافيدرا، فيما أنجزت الترجمة الروسية من قبل السيدة رايسا موهوتدينوفا التي أشرفت على تنظيم لقائنا بقرغزيستان والنسخة العربية من قبل***************

إن هذا التقرير وكل ما تم إنجازه في إطار هذا المشروع، الذي يطمح إلى المساعدة لفسح المجال لأجيال جديدة عبر العالم يسهل لديها ممارسة الديمقراطية التشاركية المحلية بلا قيود ولا عقبات، أمكن تحقيقه بفضل مجهودات الجيل القادم من المهنيين المحترفين في الشؤون الدولية من أمثال ماي أوتاكي وسميره ماجمدار، بصفتهما رئيسي مشروع وتاميني أدوغنا ونان هوانغ، ثم كلارا كنوتسون وكارولاين كرافت الذين اشتغلوا معنا كمتدربين السنة الماضية، فضلا عن أنا موريارتي وشانيل فان، اللتين انضمتا إلينا كمتطوعتين، والمسؤولين عن أعضاء فريق **مشروع الجوع** جون كونرود وماري كايت كوستيلو.

وكل خطإ أو سهو غير مقصودين، فنحن- وحدنا- من يتحمل عنهما المسؤولية.

أذربيجان

عدد السكان: 9.295.784
المرتبة التي تحتلها في سلم التنمية البشرية: 82/187
مؤشر التنمية البشرية: 0.734
اعتمدت أذربيجان على نظام الحكم الذاتي المحلي كأحد مقومات نظامها الدستوري حيث سنت الحكومة عدة قوانين ترمي إلى تعزيز سلطات المجالس البلدية. إلا أن السلطات المحلية غير مؤهلة ولا تتوفر على التكوين والقدرة اللازمين لتحمل المسؤوليات المنوطة بها (UCLG 2009,).

لمحة عن نظام الحكامة المحلي

- تنقسم أذربيجان إلى 59 مقاطعة و7 مدن يسيرها رؤساء بلديات ورؤساء تقسيمات هيكلية. ويعين رئيس أذربيجان رؤساء البلديات ويُنتخب رؤساء التقسيمات الهيكلية من طرف المجالس البلدية (UCLG 2009,).
- تتكون هيكلة الحكومة المحلية من نظامين متوازيين للحكم واللذان يعتبران جزءا من بنية حكم الدولة؛ نظام يتكون من بلديات يتم انتخاب أعضائها بالاقتراع العام وتتوفر على صلاحيات محدودة في ما يخص الخدمات التي تقدمها للمواطنين، ونظام آخر يرتكز على السلطات التنفيذية المحلية والتي يتم تعيينها من طرف الرئيس (Keymer, 2010).
- يقوم مركز العمل مع البلديات والأقسام الخاصة بمكتب الرئيس بالتنسيق ومراقبة علاقة الحكومة الوطنية بنظيرتها المحلية (UCLG 2009 ,).
- لا تتوفر أذربيجان على المستوى المحلي على حصص تشريعية خاصة بعدد مقاعد كل جنس (نظام الكوتا) (IDEA, 2013).

فعاليات المجتمع المدني

- ليس لمركز مراقبة الانتخابات والدراسات الديمقراطية (EMDS) أي لون سياسي كما أنه لا ينتمي لأية جهة حكومية ويبقى الهدف من إنشائه هو العمل على شفافية الانتخابات وتنمية قدرات المجتمع المدني وترسيخ مبادئ الديمقراطية (EMDS, 2014).
- يسعى اتحاد شباب أذربيجان (AYU) إلى الرفع من مشاركة الشباب في المجتمع المدني والحرص على انكبابهم على العمل الديمقراطي (AYU, 2009).

مؤسسات بناء القدرات

- يهدف مركز الاصلاحات البلدية لأذربيجان إلى الجمع بين البلديات من مختلف المناطق لتكوين جمعيات الحكومة المحلية (Mamedova et al., 2002).
- تقوم أكاديمية الإدارة العامة (APA) والتي تأسست تحت إشراف الرئيس بالتكوين في مجال الخدمة المدنية مثل تلقين تقنيات الاعلاميات للإدارة العامة (APA, 2013).

الرقابة الجبائية

- تتمتع الحكومات المحلية بممتلكاتها الخاصة وميزانياتها وبالحق في فرض الضرائب ودفع الجزاءات (UCLG, 2009) .
- توفر الحكومة المركزية الدعم المالي والإعانات للبلديات قصد تحقيق التكافؤ وتمويل برامج التنمية الاجتماعية والاقتصادية (Mikayilov, 2006).

مبادرات رائدة للحكامة المحلية التشاركية

- تم الاعتراف بشكل رسمي لأول مرة في الدستور بنظام الحكم الذاتي المحلي في الثاني عشر من نوفمبر من عام 1995 (UCLG, 2009).
- في عام 1999 تم سن قوانين خاصة بالأنظمة الأساسية للبلديات وطرق انتخابها بما في ذلك انشاء قاعدة قانونية ومعيارية لتنظيم ووضع اطار عام لنظام الحكم الذاتي المحلي (UCLG, 2009).
- في سنة 1999 تم تنظيم لأول مرة انتخابات السلطات المحلية على أساس ديمقراطي بقاعدة حزبية متعددة (UCLG, 2009).
- منذ سنة 2000، تم سن 20 قانونا لتنظيم مختلف المجالات التي تنشط فيها الحكومة المحلية والتي من بينها: "النظام الأساسي الخاص بأعضاء البلديات" وقانون "الأنشطة المشتركة وتوحيد وتقسيم وحل البلديات" وقانون "الرقابة الادارية على الأنشطة التي تقوم بها البلديات" (UCLG, 2009).

تحديات الحكامة المحلية التشاركية

- بالرغم من توسع صلاحيات البلديات إلا أن حجم الدعم المالي الذي ترصده الحكومة المركزية يعرف تراجعا ملحوظا سنة تلوى أخرى. وتبقى الايرادات الراهنة للبلديات ضئيلة لتغطية عموم نفقاتها (UCLG, 2009).
- يحدد القانون مجال اشتغال البلديات إلا أنها في أغلب الحالات لا تتوفر على الكفاءات والوسائل والخبرات التي تمكنها من القيام بالمهام التي يسطرها لها القانون (Keymer, 2010).
- يعود ضعف اشراك المنظمات غير الحكومية في اتخاذ القرار إلى عدم كفاءة معظم المؤسسات الديمقراطية (UNPAN, 2004) .

قائمة المراجع:

أكاديمية الإدارة العامة (APA).2013: http://www.dia.edu.az/umumi2_en.php.
اتحاد شباب أذربيجان (AYU)، 2009: http://www.ayu-az.org/en/2.html
مركز مراقبة الانتخابات والدراسات الديمقراطية (EMDS)، 2014 http://www.gndem.org/emds.
المعهد الدولي للديمقراطية والمساعدة في إجراء الانتخابات (IDEA)، 2013: "جمهورية أذربيجان.
كيمير، تجي.، لجنة المواطنة والحكامة والشؤون الخارجية والمؤسساتية، 2010: "تقرير لجنة المواطنة والحكامة والشؤون الخارجية والمؤسساتية حول الحكومة المحلية والإقليمية بأذربيجان وتعزيز التعاون بين أذربيجان والاتحاد الاوروبي".
ماميدوفا، إم. وإيتش. باشير et al. 2002: "الحكومة المحلية بأذربيجان".
ميكاييلوف، إيي، 2006: "التحويلات المالية بين المنظمات الحكومية الدولية بأذربيجان: دور تقاسم الضرائب في تمويل الحكومة المحلية ".
المدن المتحدة والحكومة المحلية (UCLG)، 2009: "الملامح القطرية للمدن المتحدة والحكومة المحلية لجمهورية أذربيجان
شبكة الادارة العامة للأمم المتحدة (UNPAN)، 2004: "جمهورية أذربيجان".

بنغلاديش

عدد السكان: 154.695.368
المرتبة التي تحتلها في سلم التنمية البشرية: 146/187
مؤشر التنمية البشرية: 0.515

لم تأت الاصلاحات الأخيرة لسنة 2011 بآليات إلزامية لحث المواطنين على المشاركة في الحكومة المحلية فقط، بل جاءت أيضا بميثاق المواطن وبمجالس خاصة بالدوائر الانتخابية والمخططات الخماسية والحق في الوصول إلى المعلومة (LGA، 2009).

لمحة عن نظام الحكامة المحلية

- بنغلاديش لديها نظام حكامة ذو بنية رباعية المستويات: 7 مناطق (يتم تعيين أعضائها) و 64 مقاطعة (يتم تعيين أعضائها) و 484 مقاطعة فرعية (يتم تعيين أعضائها بانتخابات غير مباشرة) و 4451 دائرة إدارية (يتم انتخاب أعضائها) بالإضافة إلى قرى وجماعات تشكل تسع دوائر انتخابية (CLGF، 2011).
- طريقة التعامل مع المناطق الحضرية العشرة الأكثر كثافة شبيهة بطريقة تسيير المدن العملاقة. وطريقة تسيير البلديات الحضرية التي يبلغ عددها 310 تشبه طريقة تسيير الباراشافا وهي وحدات إدارية توجد بكل بلدية وتتكون من أعضاء منتخبين (CLGF، 2011).
- يتم انتخاب أعضاء مجالس المقاطعات من قبل هيئة انتخابية تخصص خمسة مقاعد للنساء ونفس الشيء ينطبق أيضا على الدوائر الحضرية التي يُنتخب عمدائها ومستشاروها بشكل مباشر. ويسري أيضا الانتخاب بشكل مباشر على أعضاء المقاطعات الفرعية والدوائر الإدارية (CLGF، 2011).
- يعد قسم الحكومات المحلية المسؤول عن كل الحكومات المحلية باستثناء المجالس القروية التي تقع مسؤوليتها على وزارة الشؤون المتعلقة بالأراضي (Minitry of Hill Tract Affairs (CLGF، 2011).
- تضاف ثلاثة مقاعد الخاصة بالنساء والمنتخبة بشكل مباشر للدوائر الإدارية ويمثل كل مقعد دائرة انتخابية (مشروع الكوتا، 2014).

فعاليات المجتمع المدني

- تهدف هيئة التنمية القروية ببانغلاديش إلى وضع آليات الرقابة والمساءلة من خلال مشروع المواطن الفعال والحكومة المحلية المسؤولة. وتعمل أيضا على حث المواطنين على المشاركة في مختلف مرافق الحياة العامة وتطوير كفاءة ممثلي الحكومة المحلية وتقوية العمل المشترك بين المجتمع المدني والحكومة المحلية ووسائل الإعلام (BRAC، 2013).
- يتم تنظيم SHUJAN على المستويين الوطني والمحلي للمطالبة بإصلاحات سياسية للحد من الفساد وتعزيز الديمقراطية المحلية بمساعدة مشروع هانغر (ب.ت. THP).

مؤسسات بناء القدرات

- تعتبر جمعية الدوائر الإدارية وجمعية رؤساء المقاطعات الفرعية وجمعية الباراشافا، وهي وحدات إدارية، أهم ثلاث جمعيات المنضوية تحت لواء الحكومة المحلية إذ تتمثل مهمتها في تقديم الدعم للمواطنين وإشعارهم بحقوقهم وواجباتهم (CLGF، 2011).
- يعد المعهد الوطني للحكومة المحلية المعهد الوحيد المخول له بالقيام بالتكوينات وإجراء أبحاث على المستوى الوطني لفائدة لحكومة المحلية. ويعنى أيضا هذا المعهد بتأهيل المؤسسات التابعة للحكومة المحلية من خلال تركيزه على ترسيخ مبادئ الحكامة الرشيدة (NILG، 2012).

الرقابة الجبائية

- على الرغم من أن الحكومة المحلية تحصل على ايراداتها من خلال تحصيل الضرائب والرسوم وعائدات الإيجار والضريبة على الملكية، فإن 90 في المائة من مجموع مواردها المالية تستمدها من الحكومة المركزية (م.م.ح.م، 2010).

مبادرات رائدة للحكامة المحلية التشاركية

- تنص التعديلات الدستورية التي عرفها دستور البلاد سنتي 1972 و 2011 على أن الدولة تدعم "المشاركة الفعالة للمواطنين عبر تمثيليتهم المنتخبة في مختلف مستويات الإدارات" (مشروع سن التشريعات، 2014).
- وضع مشروع Sirajganj صندوق تنمية الحكامة المحلية منذ سنة 2000 وعلى امتداد خمس سنوات العديد من المقاربات لبناء القدرات عبر رصد أغلفة مالية والقيام بحملات لتعبئة المجتمع ومنح بطاقات لتقييم النتائج وتوفير دفاتر للشكايات وعقد اجتماعات بميزانيات مفتوحة ووضع مخططات تهم كل شرائح المجتمع (البنك الدولي، 2007).
- يطلب SLGDFP من كل دائرة إدارية وضع مخطط خماسي وتشكيل ميزانية من خلال عملية المشاركة وعقد اجتماعات بميزانيات مفتوحة وتنظيم مؤتمرين سنويا لكل دائرة انتخابية وإصدار ميثاق المواطن (LGA، 2009).
- بادرت كل من الحكومة والبنك الدولي إلى إطلاق برنامج دعم الحكومة المحلية في سنة 2007 ليعقبه بعد أربع سنوات مشروعين للحكامة: الأول يهم الدوائر الإدارية والثاني يهم المقاطعات الفرعية. ويهدف هذان المشروعان إلى تعزيز دور الحكومة المحلية وتقليص نسبة الفقر (UNCDF، 2013).
- وضع برنامج النفاذ إلى المعلومات في سنة 2007 لتسهيل الوصول إلى المعلومة وضمان شفافية الحكومة عبر تطوير وسائل الاتصال (THP، 2014).

تحديات الحكامة المحلية التشاركية

- يُسفِّه كل من اعتلى مراكز السلطة الجهود المبذولة التي قام به المسؤول الذي كان قبله مما يعوق التقدم الملموس لنظام اللامركزية (فوكس ومينن، 2008) .
- إن معظم موظفي الحكومة المحلية هم أيضا موظفي نظيرتها المركزية مما يحول دون إنشاء هيئات لامركزية حقيقية (مارتينيز فاسكسز وفالنكور، 2011).

قائمة المراجع

المواطن الفعال والحكومة المحلية المسؤولة (ACALG)، 2014:
http://www.brac.net/content/community-empowerment-strengthening-local-governance#.VAYqfmRdWgd
BRAC، 2013: http://www.brac.net/content/what-we-do#.U8Auh1VX-uZ.
منتدى رابطة الشعوب البريطانية "الكومنولث" للحكومة المحلية (CLGF)، 2011:"ملامح قطرية للبنغلاديش".
مشروع سن التشريعات، 2014: "دستور البنغلاديش لسنة 1972 والذي تمت مراجعته وتتميمه سنة 1986 إلى أن تم تعديله سنة 2011".
فوكس، دابليو. إف.و بي. مينن، 2008: "نظام اللامركزية في البنغلاديش: سراب التغيير".
قانون الحكومة المحلية، 2009
مارتينيز فاسكسز، دجي وإف فالنكور، 2011: "العراقيل التي تحول دون نجاح نظام اللامركزية: دروس من الدول النامية".
مشروع الكوتا، 2014: "البنغلاديش".
ذي هانغر بروجيكت (The Hunger Project (THP)، ب.ت:
www.thp.org/what_we_do/key_initiatives/fostering_government_accountability/overview.
ذي هانغر بروجيكت The Hunger Project (THP)، 2014: "تحسين الولوج إلى الخدمات عبر تطوير التكنولوجيا في البنغلاديش".
Trinamul Unnayan Sangstha (TUS), 2013: http://trinamulcht.org/?page_id=36.
المدن المتحدة والحكومات المحلية، 2010: "تمويل الحكومة المحلية: تحديات القرن الحادي والعشرين."
صندوق الأمم المتحدة لتنمية رأس المال، 2014: "صندوق الأمم المتحدة لتنمية رأس المال في البنغلاديش".
البنك الدولي، 2007: "تمكين المهمشين: دراسة حالة من مبادرات المساءلة الاجتماعية في آسيا".

اللامركزية كحل لتحسين المشاركة الديمقراطية في بوليفيا البروفسور جون بول فاغي، جامعة العلوم الاقتصادية، لندن

مشاركة المواطنين في تسيير الشأن المحلي، الشفافية ومساءلة الحكومة

مع مطلع التسعينيات، كانت بوليفيا مازالت تعاني من ضعف كبير على مستوى النمو ومن غياب ثقة الناس في حكومة البلاد، كما كانت الشكاوى ضد تفشي الفساد والرشوة كثيرة، فجاء رئيس جديد ليؤكد أن اللامركزية قادرة على تحسين فاعلية القطاع العام بشكل دائم وقادرة أيضا على ضمان الشفافية والمسؤولية أمام المواطنين، بحيث يمكن استنهاض مشاركة المواطنين من خلال تفويض السلطة المركزية إلى حكومات محلية وتعبئة الموارد على نطاق عام بدل الإبقاء على النظام الممركز بشكل قوي.

مخطط اللامركزية هذا شهد نجاحا كبيرا وامتدت إيجابياته على نطاق واسع، إذ تم توجيه الاستثمار العمومي بشكل جذري نحو الخدمات الاجتماعية من قبيل الصحة والتعليم الأولي، وامتدت دائرة التوسع بعيدا عن المدن الكبرى إلى المدن الصغرى والقرى والمناطق الريفية. إضافة إلى ذلك، تطورت نسبة إقبال المواطنين على المشاركة في الشأن العمومي إلى مستويات عليا، وشجلت نسبة أعلى على مستوى مشاركتهم في الاجتماعات البلدية المحلية. وهو ما جعل التقارير العامة عن الوضعية المالية المحلية تصبح أمرا معهودا بين المواطنين كما هي المراقبة العمومية من قبل التنظيمات المتخصصة التي تم إحداثها على نطاق البلد كله. ومن بين الإصلاحات العديدة التي أنجزت في بوليفيا خلال فترة التسعينيات من القرن الماضي، كانت اللامركزية هي الإصلاح الوحيد الذي حظي بمجهود كبير من قبل الرئيس الحالي إيفو موراليس، الذي أعاد بناء الجمهورية من خلال اعتماده دستورا جديدا.

الإيجابيات والسلبيات

في بلد مثل بوليفيا، فقد نصف أراضيه منذ الاستقلال، كانت النخب السياسية تخشى اللامركزية وتعتبرها ميكانيزما مجتمعيا من شأنه أن يغذي القوى المركزية ويؤدي إلى تقسيم البلاد. لهذا كان طبيعيا أن يكون للامركزية معارضون ومؤيدون. فقد كانت النخب المسيطرة على الشؤون الجهوية المستقرة خاصة في مدينة سانتا كروز، العاصمة الاقتصادية للبلاد، هي المؤيدة أكثر للامركزية. إذ شهدت هذه المنطقة نموا متواصلا على امتداد عقود كثيرة من الزمن سجلت خلالها معدلات نمو كبيرة تفوق مثيلاتها في بقية المناطق بضعفين إلى أربعة أضعاف. ولما كان المسؤولون المحليون يعتبرون أنفسهم حماة مناطقهم ضد ما اعتبروه رغبة من العاصمة لاباز في "نهب" ثروتهم المحلية، فقد تمسكوا بالهوية المحلية وبانتمائهم الجهوي معتبرين إياه فخرا واعتزازا فطالبوا بمزيد من الاستقلال عن المركز وبمزيد من الإعانات المادية للحكومة المحلية التي يعتبرونها تابعة لسيطرتهم. بيد أن هؤلاء جوبهوا بمعارضة من قبل المسيرين الجهويين للمناطق الغربية من البلاد، وهي المناطق الأكثر فقرا في بوليفيا كلها، لأنهم كانوا يخشون أن يفقدوا السلطة ومواردهم الضريبية إذا نجح الشرق
الغني في كسب استقلاليته الموسعة.

كيف استطاعوا أن ينجزوا ذلك؟

اشتغل الإصلاحيون على فكرة سحب البساط من تحت أقدام النخب التي لجأت إلى التهديد بالانفصال كوسيلة تهديد سياسية من أجل الحصول على ما يريدونه من موارد جبائية وضريبية. كان بالإمكان أن يحققوا ذلك لو أنهم اعتمدوا اللامركزية على المستوى السفلي حسب المناطق والجهات ثم البلديات في بوليفيا كلها، وبدل العمل في اتجاه منح الاعتبار للنخب القوية المقاولاتية التي تعتبر خطرا محتملا على توازن البلاد وكسبها في اتجاه التوافق مع العاصمة سانتا كروز وفي كل مكان آخر، فإن هذه النخب معرضة لأن تفقد البوصلة نهائيا أمام سياسة الحفاظ على الإدارات الجهوية غير المنتخبة والضعيفة. سيناريو كان واردا حدوثه بينما كان سيكون أفيدا للبلاد أن تنكب على خلق حكومات محلية قوية عبر كل مناطق البلاد.

لماذا نجحت العملية؟

خلافا للعديد من البلدان حيث تم تجريب اللامركزية، نجحت بوليفيا في اعتماد هذه التجربة واستطاعت أن تحقق فيها نتائج مبهرة من خلال تعميم نظام الحكامة في البلاد وتسجيل تقدم كبير في تدبير مجالات الخدمات العمومية والسياسة الوطنية.

ترى، ما السر في ذلك؟ جوابا عن هذا السؤال، يحدد البروفسور فاغي (2012) خمسة عوامل أساسية كانت وراء هذا النجاح الكبير في بوليفيا هي:

1- **جدية الإصلاح**: اللامركزية في بوليفيا لم تكن كلاما فارغا ولا ترفا سياسيا، بل إن الإصلاحيين البوليفيين آمنوا بها حقا فانكبوا على صياغة مفهوم حقيقي للامركزية من أجل تثبيته على أرض الواقع.

2- **سرعة التنفيذ**: تم الإعلان عن القانون المنظم للإصلاح في شهر يناير وشرع في تفعيله ابتداء من فاتح يوليوز من العام 1994. في هذا الإطار، لابد من الإشارة إلى أن كل إصلاح يهدف إلى اقتراح صيغة لإعادة توزيع السلطة والثروات لابد من أن يواجه بمعارضة قوية من لدن أولئك الذين يستفيدون من الوضع السائد ويخشون فقدان مصالحهم الخاصة. التطبيق البطيئ للإصلاح يحمل معه بعض الإيجابيات على مستوى اكتساب الخبرة المحلية/ البلدية، إلا أنه مهم جدا من ناحية التكاليف. في مقابل ذلك، حينما تُنجز الإصلاحات بسرعة، فإنها لا تترك الوقت الكافي للمعارضين كي ينظموا صفوفهم لتوحيد المعارضة ضدها.

3- **البساطة والشفافية:** بينما فرضت بعض البلدان أنظمة تفويض معقدة بين المركز والمحيط باسم المساواة أو الفاعلية، لجأت بوليفيا إلى إجراء بسيط يتمركز بالدرجة الأولى حول الفرد. ورغم أن الإعانات الموجهة إلى السكان، كل فرد على حدة، لم تكن بالفاعلية الكبيرة، لكنها تركت في الحال انعكاسا ماليا إيجابيا على السكان محدودي التعلم، أظهر فاعلية الإصلاح المعتمد أيضا.

4- **شفافية أفضل ووعي مسؤول تجاه الإصلاح:** قيمتان أساسيتان تأكدتا من خلال لجن المراقبة التي كانت تشتغل إلى جانب المجالس البلدية والعمدة، إذ بادرت إلى إشراك الهيئات الاجتماعية (مثلا: مجالس الأحياء، العشائر، إلخ...) في مسلسل اتخاذ القرار البلدي، معززة بذلك المشاركة والشرعية.

5- أخيرا، **استطاعت اللامركزية أن تحل مشاكل سياسية كانت مطروحة على المسؤولين السياسيين في السلطة**. فقد استطاع الإصلاح أن يضع حدا للتراجع الكبير الذي أصاب "الحركة الوطنية الثورية" وبقية الأحزاب التقليدية وتخبطت فيه طويلا، كما جعل البلاد تتفادى خطر الانفصال الذي كان يلوح به قادة المنطقة الشرقية في البلاد. كل هؤلاء، وجدوا في اللامركزية حلا يمكن اعتماده لتجاوز هذه العقبات.

للمزيد من المعلومات، يرجى الاطلاع على:

- فاغي، ج، ب، 2012: "اللامركزية والديمقراطية الشعبية: الحكامة من الأسفل في بوليفيا"، آن أربور: جامعة ميشيغان/ الصحافة.
- فاغي، ج، ب، و ف، سانشيز. 2013:" اللامركزية والولوج إلى الخدمات الاجتماعية في كولومبيا". بابليك شويس. DOI 10 1007/ s11127-013-0077-7
- تاندلر، ج. 1997. "تدبير رشيد للحكم في المناطق الاستوائية. بالتيمور: جامعة جون هوبكيسن/ صحافة.
- تريسمان، د. 2007. "هندسة الحكم: إعادة صياغة مفهوم اللامركزية السياسية"، نيويورك: جامعة كامبريدج/ صحافة.

كمبوديا

عدد السكان: 14.864.646
المرتبة التي تحتلها في سلم التنمية البشرية: 138
مؤشر التنمية البشرية: 0.543

اعتمدت كمبوديا سياسة اللامركزية بعدما عاشت عقودا من العنف، وعممت هذه السياسة لتشمل الأقاليم والبلديات والمقاطعات والخان، وهي تقسيمات من الدرجة الثانية (سموك وموريسون، 2008).

لمحة عن نظام الحكامة المحلي

- هناك 1630 جماعة منتخبة ومجالس سانغكات بعد التقسيمات الإقليمية والتقسيمات على مستوى المقاطعات (الجماعات الحضرية) (UCLG، 2010).
- يُنتخب المواطنون المحليون بشكل مباشر كممثلين للجماعات وسانغكات وتنتخب هذه المجالس بدورها ممثلي المقاطعات والبلديات والمجالس الإقليمية (UCLG، 2011).
- تعتبرالهيئة الوطنية لتنمية الديمقراطية المحلية (NCDD) التي أحدثت سنة 2008 هيئة بين- وزارية من شأنها النهوض بالتنمية الديمقراطية عبر ترسيخ مبادئ اللامركزية (NCDD، 2013).
- حرصا منها على الرفع من تمثيلية النساء في الجماعات والسانغكات بنسبة 25 في المائة بحلول عام 2015، اعتمدت الحكومة الأهداف الإنمائية للألفية لتحقيق المساواة بين الجنسين في غياب أي حصص تشريعية خاصة بهما (نظام الكوتا).

فعاليات المجتمع المدني

- تهدف هيئة شفافية الانتخابات ومصداقيتها بكمبوديا (COMFREL) إلى حث المواطنين على المشاركة في التنمية الديمقراطية المحلية (COMFREL، 2014).
- تستهدف منظمة بناء القدرات من أجل الديمقراطية (CCD) الطبقة الشعبية من أجل تقوية قدراتها والنهوض بها (CCD، إن. دي)
- تروم شراكة المجتمع المدني الكمبودي (CCSP) تعزيز دور اللامركزية وخلق حكامة محلية فعالة (CCSP، 2013).

مؤسسات بناء القدرات

- تعمل العصبة الوطنية للجماعات والسانغكات (NLC/S) على النهوض بوضعية الجماعات والسانغكات ومساعدتهم على خلق إدارات لامركزية شفافة ومستدامة قادرة على أداء واجبها بشكل فعال (NLC/S، 2012).
- تشتغل الجمعية الإقليمية لمجالس الجماعات والسانغكات على نفس الأهداف على المستوى الإقليمي للعمل الحكومي (UCLG، 2008).

الاستقلال الجبائي

- تمثل الجماعات أقل من 5 في المائة من إجمالي النفقات العامة (UCLG، 2010).
- يرجى من قانون النظام الجبائي المحلي وتدبير الممتلكات الذي تمت المصادقة عليه في سنة 2011 خلق مصادر لتمويل الهيئات الحكومة المحلية لتمكينها من القيام بتنمية محلية حقيقية (الميزانية الوطنية لكمبودية، 2013).

مبادرات رائدة للحكامة المحلية التشاركية

- وُضع البرنامج الوطني للتنمية الديمقراطية المحلية (NP-SNDD) سنة 2008 كمخطط يمتد على مدى عشر سنوات للقيام بإصلاحات في نظام الحكامة خصوصاً الشق المتعلق بالإدارات المحلية (NCDD، 2014).
- اعتمدت الحكومة سنة 2009 قانونا تنظيميا متعلقا باللامركزية والتنمية الديمقراطية مما أحدث مجالس على المستوى الإقليمي وعلى مستوى الجماعات منتخبة بطريقة غير مباشرة (UCLG، 2010).
- يتعين على مجالس الجماعات إعداد خطة خماسية للتنمية فضلا عن برنامج استثمار لمدة ثلاث سنوات. ولترجمة هذه الخطط على أرض الواقع، يعين كل مجلس هيئة يتكون أعضاؤها من تمثيلية للنساء والرجال من كل قرية ومجلس الجماعة وممثل عن كل منظمة غير حكومية مسجلة في سجل المجلس (سموك، 2008).

تحديات الحكامة المحلية التشاركية

- لقد ركزت اللامركزية الجبائية بشكل أولي على تمويل الاحتياط الخاص بالجماعات مع التركيز قليلا على إصلاح هيئات الحكامة الإقليمية والبلدية (CDRI، 2011).
- بالرغم من إنشاء الإطار القانوني ووضع الإستراتيجية العامة للامركزية، إلا أن التطبيق على أرض الواقع لا زال يشوبه بعض المعوقات (سموك، 2008).
- تُعنى منظمة فريدم هاوس العالمية ثنائية التأييد الحزبي بالارتقاء بالديمقراطية وتستنكر أعمال العنف التي أعقبت انتخابات سنة 2013 وتعتبر التدخل العنيف للشرطة في حق المحتجين تراجعاً عن "المكتسبات الديمقراطية" (فريدم هاوس، 2013).

قائمة المراجع:

مركز كمبوديا لحقوق الإنسان (CCHRC، 2012): "التمثيلية السياسية للنساء والنظام الانتخابي الخاص بعدد المقاعد لكل جنس (الكوتا)".
شراكة المجتمع المدني الكمبودي (CCSP)، 2013: http://www.ccspcambodia.org/index.php/overview

معهد تطوير الموارد بكمبوديا (CDRI، 2011): "اللامركزية الجبائية بكمبوديا: موجز عن التطورات والتغيرات التي عرفها هذا القطاع".
الميزانية الوطنية لكمبوديا، 2013: "قانون المالية العامة".
هيئة شفافية الانتخابات ومصداقيتها بكمبوديا (COMFREL)، 2014: http://www.comfrel.org/eng/index.php
تأهيل القدرات من أجل بناء المجتمع (CCD)، إن. دي: http://www.ccdcambodia.org/.
فريدم هاوس، 2013: "أعمال العنف التي أعقبت الانتخابات هي تراجع عن المكتسبات الديمقراطية".
الهيئة الوطنية لتنمية الديمقراطية المحلية (NCDD، 2014):"البرنامج الوطني".
العصبة الوطنية للجماعات والسانغكات (NLC/S)، 2012: http://www.nlcs.org.kh/Page/EN/index.html.
سموك، بي و دجي. موريسون، 2008، المركز الدولي للسياسة العامة، مدرسة يانغ أندرو للدراسات السياسية: "اللامركزية بكمبوديا: تعزيز السلطة المركزية أو ترسيخ مبادئ المسؤولية في المجتمع؟"
المدن المتحدة والحكومات المحلية (UCLG، 2008): "آسيا والمحيط الهادي."
المدن المتحدة والحكومات المحلية (UCLG، 2010): "تمويل الحكومة المحلية: تحديات القرن الحادي والعشرون."

الكاميرون

عدد السكان: 21.699.631
المرتبة التي تحتلها في سلم التنمية البشرية: 150/187
مؤشر التنمية البشرية:0.495

تواصل الكاميرون بخطوات ثابتة زرع روح المسؤولية في هيئاتها المحلية، إلا أن اللامركزية الجبائية لازالت تشكل تحديا أمام هذا التطور، وهذا مرده إلى الضعف الذي يعتري القدرات البشرية المحلية وغياب مجتمع مدني فعّال (GIZ، إن.دي).

لمحة عن نظام الحكامة المحلي

- تنقسم الكاميرون إلى عشر مناطق إدارية، وكل منطقة إدارية مقسمة إلى جماعات وهذه الأخيرة مقسمة بدورها إلى مقاطعات. ويصل عدد مجالس الحكومات المحلية إلى 376 مجلسا، بما في ذلك 14 مجلسا للمدينة و 42 مجلسا للمقاطعات (CLGF، 2013).
- يُنتخب أعضاء المجالس عبر اقتراع عام لولاية انتخابية مدتها 5 سنوات بينما يتم تعيين رؤساء المجالس والمقاطعات من قبل عمدة المدينة الذي يُنتخب هو بدوره من طرف أعضاء المجالس. أما مجالس المدينة فيتم تسييرها من طرف هيئة حكومية يعينها الرئيس (CLGF، 2013).
- تعد وزارة الإدارة الترابية واللامركزية (MINATD) هي المسؤولة عن العلاقات بين الحكومة المركزية ونظيرتها المحلية، كما أنها تراقب السلطات الإقليمية والمحلية وتراقب مدى حرصهما على تطبيق سياسة اللامركزية (CLGF، 2013).
- لا تتوفر الكاميرون على المستوى المحلي على حصص تشريعية خاصة بعدد مقاعد كل جنس (نظام الكوتا) (مشروع الكوتا، 2013).

فعاليات المجتمع المدني

- تسعى منظمة التأمل والعمل الفعلي من أجل تنمية إفريقيا (RECAAD- الكاميرون) إلى ترشيد الحكامة واحترام حقوق الانسان والقضاء على الفساد (RECAAD- الكاميرون، 2014).
- تتكون شبكة زينو من العديد من فعاليات المجتمع المدني التي تشتغل مع السلطات الإقليمية والمحلية فضلا عن اشتغالها مع منظمات وحركات تنشط في مجال تعزيز الحكامة المحلية (شبكة زينو، 2012).

مؤسسات بناء القدرات

- يستقبل مركز التكوين المحلي الحكومي رجالات السلطة والموظفين الجدد تحت اشراف MINATD (CLGF، 2013).
- تهدف المجالس المتحدة ومدن الكاميرون (UCCC) وهي جمعية تضم كل مجالس الكاميرون إلى دعم مشروع اللامركزية، ومن بين المساعدات التي تقدمها لأعضائها، الدعم المالي والمساعدة على بناء القدرات وتطويرها (UCCC، 2014).

الرقابة الجبائية

- يمكن للسلطات المحلية استخلاص الضرائب والرسوم مثل ضريبة الأعمال التجارية السنوية التي تصل إلى 200 دولار أمريكي (CLGF، 2013).
- تعتمد الميزانية المحلية على تحويلات الحكومة المركزية من خلال MINATDعبر دعم المجلس للصندوق الخاص بالمساعدة المتبادلة (FEICOM) (CLGF، 2013).

مبادرات رائدة للحكامة المحلية التشاركية

- نص كل من دستور عام 1972 واستراتيجية تقليص الفقر لسنة 2009 على أن الحكامة المحلية هي السبيل الوحيد لتحسين الخدمات واقتران السلطة بالمحاسبة والنقص من حدة التوتر الإقليمي وجمع الشمل وتدبير معقلن للبيئة (البنك الدولي، 2012).
- أقر دستور 1996 بالطبيعة اللامركزية للدولة وقسّم بشكل رسمي الدولة كسلط إقليمية وأخرى محلية (دستور الكاميرون، 1996).
- تمت المصادقة سنة 2004 على الكثير من القوانين لتنزيل إطار قانوني "سابق" للامركزية والذي ينص على منح المزيد من السلط للهيئات المحلية. ويتضمن هذا القانون أيضا الوسائل المادية والأدوات اللازمة والعناصر البشرية فضلا عن إنشائه للمجلس الوطني للامركزية وهيئة بين وزارية لتوفير الخدمات المحلية (Cheka، 2007).

تحديات الحكامة المحلية التشاركية

- ينص البنك الدولي على أن "الإطار القانوني الكاميروني المتعلق باللامركزية متداخل (...) ومتناقض ومفتوح على عدة قراءات في الكثير من المجالات. وتبقى الصعوبة التي تواجه الحكومة المركزية هي تماهي اختصاصات نظام اللامركزية مع اختصاصات نظام اللاتمركز" (البنك الدولي، 2012).
- بالرغم من قوة النص التشريعي المتعلق باللامركزية إلا أن الكاميرون مازالت تفتقر إلى استراتيجية فعّالة وخطة تنفيذية لتترجمه على أرض الواقع (البنك الدولي، 2012).
- تنجم عن هزالة ميزانية البلديات أطر غير مؤهلة مما يشكل بعض الصعوبات أمام السير العادي لها (Desbrosses، 2014).
- في سنة 2008 تم القيام بتعديلات دستورية تهم المستويين الإقليمي والجهوي للحكومة المحلية إلا أنها لم تر النور بعد (CLGF، 2013).

قائمة المراجع:
شيكا، سي، 2007، التنمية الإفريقية: "وضعية سير عملية اللاتمركز في الكاميرون".
منتدى الحكومة المحلية لرابطة الشعوب البريطانية (الكومنولث) (CLGF، 2013): "لمحة عن نظـــــــام الحــــــكومة المـــــــحلية بالكاميرون".
http://confinder.richmond.edu/admin/docs/Cameroon.pdf.
ديسبروس، أي، 2014، ويكي تيريتوريال CNFPT: " نظام اللامركزية بدولة الكاميرون : رؤية لم تكتمل ".
Deutsche Gesellschaft fur Internationale Zusammenarbeit (GIZ), n.d. : "الكاميرون".
المجالس المتحدة ومدن الكاميرون (UCCC، 2014): مشروع الكوتا، 2013: "الكاميرون".
www.cvuc.cm/national/index.php/en.
منظمة التأمل والعمل الفعلي من أجل تنمية إفريقيا (RECAAD- الكاميرون)، 2014
www.unodc.org/ngo/showSingleDetailed.do?req_org_uid=21764.
البنك الدولي، 2012: "الكاميرون - الطريق نحو لامركزية جبائية: الفرص والتحديات".
شبكة زينو، 2012: www.zenu.org/spip.php

الشيلي

عدد السكان: 17.464.814
المرتبة التي تحتلها في سلم التنمية البشرية: 40/187
مؤشر التنمية البشرية: 0.819

ساهم تاريخ حكم العسكر في الشيلي في إرساء مسلسل اللامركزية، إذ تم نقل العديد من السلطات إلى البلديات في ثمانينيات القرن الماضي. ويعود تاريخ الشيلي مع الديمقراطية إلى سنة 1992 عندما نظم البلد أول انتخابات ديمقراطية لفرز القادة المحليين (المدن المتحدة والحكومات المحلية (م.م.ح.م)، 2007).

لمحة عن نظام الحكامة المحلية

- ينقسم البلد إلى 15 منطقة، كل منطقة يرأسها مسؤول تنفيذي يتم تعيينه من قبل المجلس الإقليمي (م.م.ح.م، 2010).
- يرأس عمداء البلديات والمستشارون المنتخبون باقتراع شعبي 345 بلدية (م.م.ح.م، 2010).
- تقع مسؤولية السلطات المحلية على عاتق وزارة الداخلية (م.م.ح.م، 2010).
- لا تتوفر الشيلي على حصص تشريعية خاصة بعدد مقاعد كل جنس (مشروع الكوتا، 2014).

فعاليات المجتمع المدني

- تهدف جمعية العمل من أجل الأرض إلى الرفع من مشاركة المواطنين وخلق شفافية أكبر في كل المواضيع ذات الصلة بالشيلي والمتعلقة بالتنمية والبيئة (العمل من أجل الأرض، 2014).
- Corporacion Proyectamérica هو مركز للحوار وتبادل المعلومات المتعلقة بالمجتمع المدني (Poderopedia، 2013).

مؤسسات بناء القدرات

- تدعم جمعية الشيلي للبلديات جهود البلديات الرامية إلى تطبيق نظام اللامركزية وتحسين سبل وصول المواطن إلى الممارسات التشاركية (AChM، 2013).
- تساعد الأمانة العامة للتنمية الإقليمية والإدارية (SUBDERE) الأقاليم والبلديات عبر تعزيز قدراتها لممارسة الحكامة الرشيدة.

الرقابة الجبائية

- حولت الحكومة الفدرالية خلال السنوات الماضية 13.2 في المائة من مجموع الإيرادات إلى الحكومات البلدية (م.م.ح.م، 2007).
- تبلغ نفقات الحكومة المحلية لشيلي 12.8 في المائة من مجموع نفقات الحكومة أو 2.4 في المائة من إجمالي الناتج المحلي (م.م.ح.م، 2007).
- تحصل الحكومات المحلية على إيراداتها من خلال تحصيل الضرائب على الأملاك والمشروبات الكحولية والرسوم المفروضة على تسجيل السيارات والواجبات المفروضة على المرافق العامة وعائدات الغرامات ورسوم الرخص. ويجوز للحكومات المحلية تحديد أسعار الضرائب وتغييرها بما يتناسب مع ما ينص عليه القانون (م.م.ح.م، 2010).

مبادرات رائدة للحكامة المحلية التشاركية

- انتقل برنامج اللامركزية التعليمية الذي تم وضعه في ثمانينيات القرن الماضي من الإشراف على المدارس العمومية إلى المدارس الخاصة، مما رفع من جودة التعليم نظرا لتنافس المدارس على الطلاب واستثمار العائلات في المدارس بشكل أكبر (البنك الدولي، 2004).
- باشرت جمعية الشيلي للبلديات في سنة 2005 إصلاحات تهم المرافق البلدية لتوسيع نطاق الحكامة بالنسبة لمسؤولي البلديات وتعزيز التعاون بين الحكومات البلدية. ولقد أدت هذه الاصلاحات إلى زيادة نفقات الحكومات المحلية لتصل إلى 30 في المائة من إجمالي الإيرادات الوطنية. (م.م.ح.م، 2007).

تحديات الحكامة المحلية التشاركية

- تبقى البلديات في الشيلي محصورة المهام بسبب تبعيتها للحكومات الفدرالية ومحدودية مواردها، علما أن الحكومات المحلية لا تتوفر على الموارد للقيام بالمهام المنوطة بها على أكمل وجه (م.م.ح.م، 2007).
- جاء في تقييم برنامج الأمم المتحدة الإنمائي الذي تم إجراؤه من سنة 2001 إلى سنة 2009 أن هدف "تعزيز اللامركزية" لم يتم إدراكه بعد (ب.أ.م.إ، 2010).

قائمة المراجع:

العمل من أجل الأرض، 2014: http://www.accionporlatierra.cl/.
جمعية الشيلي للبلديات (AChM)، 2013: http://www.achm.cl/.
بوديروبيديا، 2012: http://www.poderopedia.org/cl/organizaciones/Corporacion_ProyectAmerica
مشروع الكوتا، 2014: "الشيلي".
الأمانة العامة للتنمية الإقليمية والإدارية: http://www.subdere.gov.cl/.
برنامج الأمم المتحدة الإنمائي (ب.أ.م.إ)، 2010: "ملخص تنفيذي".
المدن المتحدة والحكومات المحلية، 2007: "ملامح قطرية لجمهورية الشيلي".
المدن المتحدة والحكومات المحلية، 2010: تمويل الحكومة المحلية: تحديات القرن الحادي والعشرين".
البنك الدولي، 2004: "علاقة لامركزية التعليم بالمساءلة في أمريكا اللاتينية".

كوستاريكا

عدد السكان: 4.805.295
المرتبة التي تحتلها في سلم التنمية البشرية: 62/187
مؤشر التنمية البشرية:0.773

تعد كوستاريكا إحدى أعرق الدول اعتمادا على أنظمة حكامة مركزية في أمريكا الوسطى، ولذلك باشرت الحكومة منذ سنة 2000 بعض الخطوات لتطبيق اللامركزية وتوج ذلك بالمصادقة على قانون اللامركزية الجبائية (لونغ، 2010).

لمحة عن نظام الحكامة المحلي

- ينقسم البلد إلى 7 أقاليم، كل إقليم على رأسه محافظ يعينه الرئيس وتنقسم الأقاليم بدورها إلى 81 مقاطعة (الكانتونات)، كل مقاطعة يرأسها عمدة محلي (موسوعة بريطانيكا، 2013).
- يتم انتخاب رؤساء البلديات والمجالس باقتراع شعبي (UCLG، 2007).
- تسهر عدة هيئات على مراقبة الحكامة المحلية مثل المكتب الوطني للمالية والحسابات و الخزينة العامة ومعهد تنمية وتقييم البلديات وفي بعض الأحيان تنخرط أيضا وزارة شؤون الرئاسة في عملية المراقبة (UCLG، 2007).
- وفقاً لقانون الكوتا لسنة 2009 [وهو قانون متعلق بعدد المقاعد المخصص لكل جنس]، فإن 50 في المائة من المرشحين في قائمة حزب معين يجب أن يكنَّ من النساء، كما أن شخصين من نفس الجنس يجب أن لا ترد أسماؤهما في لائحة الترشيح بشكل تتابعي. ويحق للهيئات المشرفة على الانتخابات الغاء القوائم التي لا تلتزم بهذا القانون (مشروع الكوتا، 2014) .

فعاليات المجتمع المدني

- تدعم مؤسسة بانيامور Paniamor وصندوق الأمم المتحدة للديمقراطية مشروع المواطنين الشباب النشيطين لحث الشباب على المشاركة في اتخاذ القرارات على المستوى المحلي (مؤسسة بانيامور، إن. دي).
- تعزز مؤسسة DEMUCA دور الإدارة البلدية عبر خلق وحدات تقنية تدعم الأنشطة التي تتطلب قدرة مالية للقيام بها (مؤسسة DEMUCA، 2014).

مؤسسات بناء القدرات

- يوفر الإتحاد الوطني للحكومات المحلية (UNGL) التكوين اللازم لتدبير معقلن للمجالس البلدية عبر تنظيم ورشات وعقد حلقات دراسية (UNGL، 2014).
- يقوم معهد بناء قدرات الأطر البلدية عبر تأهيلها وتكوينها والنهوض بالتنمية المحلية بجامعة إيستاتال أ ديستانسيا Universidad Estatal a Distancia (UNED) [يقوم] بتعزيز دور المجالس البلدية عبر تكوينات متعلقة بطرق تدبير وتنمية المجالس البلدية والجماعية (UNED، إن.دي).

الرقابة الجبائية

- تستخلص البلديات الضرائب لصرفها على الخدمات العامة، لكن بالنسبة للضرائب المحلية فضروري أن يصادق عليها الكونغرس (UCLG، 2010).
- ينص قانون سنة 2010 على أن الحكومة المركزية تحوِّل نسبة لا تقل عن 10 في المائة من الصناديق الفدرالية إلى نظيرتها المحلية بحلول سنة 2017، وينص هذا القانون أيضا على كفاءة الهيئات المحلية وقدرتها على تدبير معقلن لهذه الصناديق (لونغ، 2010).

مبادرات رائدة للحكامة المحلية التشاركية

- قامت الحكومة المركزية في نهاية التسعينيات بعدة إصلاحات من بينها قانون الشؤون البلدية الذي يعزز نظام اللامركزية ويشجع مشاركة المواطنين (ريون، 2012):
  - أصبحت الانتخابات البلدية التنفيذية تنظم باقتراع شعبي حيث يتعين على الناخبين المصادقة على أي تغيرات تطرأ على القانون المؤطر للبلديات أو الأنشطة التي تقوم بها.
  - تعد الجلسات العلنية (كابيلدوس) المفتوحة بمثابة منتديات تتيح للعموم إمكانية الاطلاع على القرارات التي اتخذتها المقاطعات والبلديات وأيضا على المواضيع التي تعالجها.
  - يلتزم العمداء سنويا بوضع مخطط عام لأولويات الحكومة المحلية.
- تمت المصادقة سنة 2010 على قانون من شأنه أن يعزز دور البلديات ويقدم لهم موارد مالية أكبر (لونغ، 2010).

تحديات الحكامة المحلية التشاركية

- تشكو العديد من البلديات من ضعف التدبير المالي وانعدام أنظمة لتدبير الضرائب (ICMA، 2014).
- حال ضعف الموارد المالية دون تنظيم المؤسسة لدورات تكوينية خاصة بأطر الهيئات المحلية (ICMA، 2004).
- الغياب شبه الكلي للمساءلة والافتقار للخطط التنظيمية عاملان كانا وراء عدم الحصول على نتائج إيجابية فيما يخص التخطيط البلدي (ICMA، 2004).

قائمة المراجع:

مؤسسة Demuca، 2014: http://www.demuca.org/
موسوعة بريطانيكا، 2013: "كوستاريكا."
المدينة الدولية/ جمعية تدبير المقاطعات (ICMA)، 2004: "تقرير عن دولة كوستاريكا: رؤى حول اللامركزية وتعزيز دور البلديات وتشجيع مشاركة المواطنين في أمريكا الوسطى، 1995-2003."
الاتحاد الوطني للحكومات المحلية (UNGL)، 2014: http://www.ungl.or.cr/.
مؤسسة بانيامور، إن.دي: http://paniamor.org/Jovenes-Ciudadanos-En-Accion/undef.
مشروع الكوتا، 2014: "كوستاريكا".
ريان، دجي، 2012، سياسة أمريكا اللاتينية: "اللامركزية في كوستاريكا: تأثير الاصلاحات على المشاركة والمساءلة".
لونغ، سي، ذو تيكو تايمز The Tico Times: "مشروع قانون لتعزيز قدرات البلديات صودق عليه ليصبح قانونا".
صندوق الأمم المتحدة للديمقراطية (UNDEF)، إن.دي: http://www.un.org/democracyfund/
المدن المتحدة والحكومات المحلية (UCLG)، 2007: "الملامح القطرية لجمهورية كوستاريكا".
المدن المتحدة والحكومات المحلية (UCLG)، 2010: "تمويل الحكومة المحلية: تحديات القرن الحادي والعشرين".
Universidad Estatal a Distancia (UNED), n.d.: http://www.uned.ac.cr/ifcmdl/index.php?option=com_content&view=article&id=130&Itemid=207

الكوت ديفوار

عدد السكان: 20.316.086
المرتبة التي تحتلها في سلم التنمية البشرية: 168

شهدت الكوت ديفوار نوعا من عدم الاستقرار السياسي على مدى العقد الماضي بما في ذلك نشوب حرب أهلية سنة 2002 واندلاع أعمال العنف بعد انتخابات سنة 2010 و 2013. وكان من مخلفات هذا الوضع القيام بإصلاحات مالية وإدارية غير منسجمة (فريدم هاوس، 2014 ، UCLG. 2008b).

لمحة عن نظام الحكامة المحلي

- تنقسم دولة الكوت ديفوار إلى 31 إقليما و81 مقاطعة و197 جماعة (DGDDL، 2010).
- تمتد الولاية الانتخابية الخاصة بالمجالس البلدية لمدة 5 سنوات ويتم تعيين مسؤولي السلطة التنفيذية بشكل غير مباشر (UCLG, 2010).
- تلقى مسؤولية المساعدات الاجتماعية على عاتق البلديات (UCLG, 2010).
- تعد المديرية العامة للامركزية والتنمية المحلية (DGDDL) إلى جانب كتابة الدولة والداخلية والأمن المسؤولين وطنيا على الدعم المالي للحكومة المحلية والتقني وتقوية القدرات ومراقبة تفويض السلط للدولة (DGDDL, 2010).
- لا تتوفر الكوت ديفوار على حصص تشريعية بين الجنسين (نظام الكوتا) على المستوى المحلي (مشروع كوتا، 2013).

فعاليات المجتمع المدني

- يعتبر تحالف المجتمع المدني من أجل السلام والتنمية الديمقراطية بالكوت ديفوار (COSOPCI) منظمة تنشط في مختلف المجالات لتقوية التماسك الاجتماعي وخلق روح المسؤولية بما في ذلك تعزيز سبل المصالحة وتدريب القادة المنتخبين المحليين على الحكامة الرشيدة والانخراط في المجتمع المدني وحركيته (COSOPCI، 2010).
- يُعنى مركز البحث والعمل من أجل السلام (CERAP) بالاشتغال على قضايا حقوق الانسان من خلال القيام بأعمال اجتماعية وإصدار منشورات ذات الصلة والإشراف على تكوينات في مجال بناء القدرات (CERAP، 2014).

مؤسسات بناء القدرات

- تأسس اتحاد مدن وجماعات الكوت ديفوار (UVICOCI) عام 1993 من طرف رؤساء البلديات لمساعدة الحكومة في تعزيز سياسة اللامركزية (UVICOCI، إن. دي.).

الرقابة الجبائية

- ليس من مهام الحكومة المحلية استخلاص الضرائب ولكن يمكنها تغيير النسب والحصول على حصتها من الإيرادات الضريبية من الحكومة المركزية (UCLG، 2008 إي).
- بلغت نفقات الحكومة المحلية سنة 2007 حوالي 11 في المائة من نفقات الحكومة (UCLG، 2010).
- يقوم صندوق القروض للسلطات المحلية بإعطاء قروض للحكومات المحلية وتتم رسملته من قبل الحكومة المركزية والمجتمع الدولي (UCLG، 2010).

مبادرات رائدة للحكامة المحلية التشاركية

- عقدت الكوت ديفوار في عام 2002 أولى انتخاباتها الخاصة بالمجالس العامة (UNPAN، 2007).
- شهدت دولة الكوت ديفوار في سنة 2010 أزمات سياسية حادة بعدما رفض الرئيس غباغبو التنحي من منصبه عقب الانتخابات. وبحلول سنة 2011 كانت الدولة قد استعادت قوتها لإجراء انتخابات تشريعية ناجحة (IMF، 2012)
- من عام 2009 إلى عام 2013 حققت الحكومة المنجزات التالية:
  - مسودة مخططات التنمية المحلية بمشاركة محلية
  - تمكين المرأة المحلية من القيادة والتخطيط التشاركي
  - نشر دليل التخطيط التشاركي الذي صاغته كتابة الدولة ووزارة التخطيط والتنمية (IMF، 2012).
- شهدت البلاد سنة 2013 انتخابات محلية وإقليمية مما أسهم في عودتها تدريجيا إلى ممارسة نشاطها السياسي بمختلف ألوانها الحزبية (فريدم هاوس، 2014).

تحديات الحكامة المحلية التشاركية

- في عام 2012، صاغت كل من حكومة الكوت ديفوار وصندوق النقد الدولي خطة لرفع التحديات التالية:
  - انخفاض مشاركة المواطنين بشكل عام في إدارة المجتمع المحلي
  - غياب استراتيجية متماسكة للامركزية مع وجود مصادر لتمويل تنميتها وتنفيذها (IMF، 2012).
- احتلت دولة الكوت ديفوار مرتبة متدنية جدا في سلم منظمة "ترانسبرانسي أنترناشيونال" المعنية بقياس الفساد الذي ينخر جسم الدول (فريدم هاوس، 2014).

قائمة المراجع:

مركز البحث والعمل من أجل السلام (CERAP)، 2014: http://www.cerap-inades.org/.
تحالف المجتمع المدني من أجل السلام والتنمية الديمقراطية في الكوت ديفوار (COSOPCI)، 2010: http://www.cosopci-ci.org/.
الإدارة العامة للامركزية والتنمية المحلية (DGDLL)، 2010: "المهام والصلاحيات"
فريدم هاوس، 2014: "الكوت ديفوار".
صندوق النقد الدولي (IMF)، 2012: "الكوت ديفوار: استراتيجية الحد من الفقر وورقة التقرير المرحلي".
اتحاد مدن وجماعات الكوت ديفوار (UVICOCI)، إن. دي: http://2gwebhost.com/templates_sav/uvicoci/statut.html
المدن المتحدة والحكومات المحلية (UCLG)، 2008 أي: "اللامركزية والديمقراطية المحلية في العالم".
المدن المتحدة والحكومات المحلية (UCLG)، 2008 بي: "جمهورية الكوت ديفوار".
المدن المتحدة والحكومات المحلية (UCLG)، 2010: "تمويل الحكومة المحلية: تحديات القرن الحادي والعشرون".
شبكة الادارة العامة للأمم المتحدة (UNPAN)، 2007: "جمهورية الكوت ديفوار: لمحة عن الإدارة العامة للدولة".
مشروع نظام الكوتا، : "الكوت ديفوار".

جمهورية الكونغو الديمقراطية

عدد السكان: 65.705.093
المرتبة التي تحتلها في سلم التنمية البشرية: 186/187
مؤشر التنمية البشرية: 0.304

بتطبيق دستور سنة 2006 تكون جمهورية الكونغو الديمقراطية قد قامت بخطوة مهمة في تطبيق نظام اللامركزية إلا أنها ونظرا لأعمال العنف التي طبعت السنوات الأخيرة فشلت في تطبيق اصلاحات نظام اللامركزية التي جاء بها هذا الدستور.

لمحة عن نظام الحكامة المحلي

- قام الدستور الجديد بالمحافظة على 11 إقليما مع التنصيص على تقسيمهم إلى 26 منطقة ادارية خلال ثلاث سنوات، لكن إلى اليوم لم يترجم هذا على أرض الواقع (SSRC، 2013).
- تنقسم الأقاليم إلى هيئات ترابية لامركزية (ETDs) مثل المدن والجماعات والمقاطعات والدوائر السياسية (دستور جمهورية الكونغو الديمقراطية، 2005).
- بغية مراقبة نظام اللامركزية قام دستور 2006 بالتنصيص على انشاء وزارة اللامركزية والتنظيم الترابي إلى أن تم حلها سنة 2011 بموجب قرار رئاسي (SSRC، 2013).
- جاء الدستور بمجالس وطنية وإقليمية ومحلية منتخبة بشكل مباشر، أما بالنسبة للهيئات الترابية اللامركزية فليس لها مجالس منتخبة ويتم تعيين رؤسائها من قبل الرئيس (SSRC، 2013).
- نص الدستور على حق النساء في "تمثيلية متساوية داخل المؤسسات المحلية والإقليمية والمحلية"، إلا أنه في حالة عدم احترام هذه المقتضيات لا تفرض أية عقوبات (مشروع الكوتا، 2014).

فعاليات المجتمع المدني

- يعد مرصد حرية الصحافة في افريقيا شبكة تضم صحفيين وخبراء قانونيين مهمتهم الرقي بحرية الصحافة في جمهورية الكونغو الديمقراطية (المجتمع المدني، 2014).
- تمكّن هيئة العمل الاعلامي النسوي لليبيريا "النساء في المجتمعات الفقيرة من محاربة اللامساواة والمشاركة في ترسيخ مبادئ الحكامة على المستويين المحلي والوطني" (LIWOMAC، 2014)

مبادرات بناء القدرات

- قام البرنامج الحكومي لتكنولوجيا المعلومات والاتصالات التابع لمؤسسة البنك الدولي بإدخال التكنولوجيا المتنقلة لتعزيز عملية الميزانية التشاركية (البنك الدولي، 2012)

الرقابة الجبائية

- نص دستور 2006 على أن الأقاليم ستستلم 40 في المائة من مداخيل الضرائب حيث سترصد نسبة 10 في المائة منها لصندوق ضمان التسويات ونسبة 40 في المائة منها للهيئات الترابية اللامركزية. وتم تحديد هذا انطلاقا من صيغة تأخذ بعين الاعتبار انتاج القدرات البشرية والمساحات الأرضية والسكان. وإلى اليوم ظلت هذه الأحكام حبرا على ورق (البنك الدولي، 2011 أي).

مبادرات الحكامة المحلية التشاركية

- تعتبر انتخابات سنة 2006 الرئاسية والخاصة بالمجلسين الوطني والإقليمي أول انتخابات متعددة الأحزاب منذ 46 عاما.
- شكل دستور 2006 خطوة مهمة نحو نظام يتسم باللامركزية إذ يتم منح ميزانيات أضخم للأقاليم وإعادة تقسيمها والعمل على انشاء مجالس منتخبة على جميع المستويات، إلا أن الجزء اليسير فقط هو الذي تحقق (SSRC، 2013).
- اعتمدت الدولة سنة 2009 مخططا يُقسم نظام اللامركزية إلى مرحلتين: المرحلة الأولى تمتد من سنة 2009 إلى 2014 والتي من شأنها توفير الظروف السياسية الضرورية للأقاليم وللهيئات الترابية اللامركزية، بالإضافة إلى تنظيم الانتخابات المحلية وإحداث تقسيمات ترابية. والمرحلية الثانية الممتدة من سنة 2015 إلى 2019 والتي سوف يتم تكريسها لتعزيز نظام اللامركزية (SSRC، 2013).

تحديات الحكامة المحلية التشاركية

- تعتبر الهيئات الترابية اللامركزية غير فعّالة في ما يخص تلبية الخدمات لسكانها كما تفتقر إلى تدبير الموارد الداخلية (...) الناجمة عن غياب الميزانية والدعم المالي". وتتسم هذه الهيئات بضعف تنظيمها الاداري المتمثل في عدم كفاءة الأطر وقلة الوسائل التقنية وهشاشة البنيات التحتية " (البنك الدولي، 2011 أي).
- منذ سنة 2006 والانتخابات الإقليمية المنافسة يتم تأجيلها في ضل انعقاد أي انتخابات محلية. ويبقى الفشل في تنزيل مقتضيات دستور سنة 2006 وتنظيم انتخابات شفافة عائقا أمام نظام اللامركزية (البنك الدولي، 2011 دي).
- تقوم السلطات الإقليمية بتحويل الصناديق نحو الهيئات الترابية اللامركزية بشكل غير منتظم وغير رسمي وذلك لأنها تتصرف حسب تقديرها (البنك الدولي، 2011 أي).

قائمة المراجع
دستور جمهورية الكونغو الديمقراطية، 2005:
http://www.constitutionnet.org/files/DRC%20-%20Congo%20Constitution.pdf
هيئة العمل الاعلامي النسوي لليبيريا (LIWOMAC)، 2014: http://www.gnwp.org/members/liwomac.
مشروع الكوتا، 2014: "جمهورية الكونغو الديمقراطية".
مجلس البحث العلمي الاجتماعي (SSRC)، 2013، ويس، أيتش. و دجي. نزوغولا- نتالاجا Nzogola-Ntalaja: نظرة عامة عن "نظام اللامركزية و جمهورية الكونغو الديمقراطية".
المجتمع المدني. سي دي، 2014: "مرصد حرية الصحافة بإفريقيا (OLPA)".
البنك الدولي، 2011 أي: "جمهورية الكونغو الديمقراطية- تحليل إداري ومالي وخدماتي لنظام اللامركزية المطبق داخل الهيئات الترابية".
البنك الدولي، 2011 بي، غامبينو، تي: "تقرير التنمية العالمي لسنة 2011: جمهورية الكونغو الديمقراطية".
البنك الدولي، 2012، إيستيفان، إف. و بي. ويبر Estefan, F. and B. Weber: "الميزانية التشاركية "

إثيوبيا

عدد السكان: 91.728.849
المرتبة التي تحتلها في سلم التنمية البشرية: 173/187
مؤشر التنمية البشرية: 0.396

اعتمدت إثيوبيا منذ القرن 19 والقرن 20 على نظام المركزية إلى أن شهدت خلال العقدين الأخيرين تطبيق نظام اللامركزية الذي امتد على مرحلتين مما أحدث تغيرا على المستوى السياسي والجبائي والإداري (الوكالة الأمريكية للتنمية الدولية (و.أ.ت.د)، 2010).

لمحة عن نظام الحكامة المحلية

- تتكون جمهورية إثيوبيا الفدرالية من نظام ينقسم إلى خمسة مستويات إدارية: الفدرالي والإقليمي والجهوي والقبلي ومستوى المقاطعات (IFPRI، 2011).
- توجد بالبلد تسع حكومات إقليمية وإدارتين للمدينة، ويتم تعيين أعضاء المجلس الاستشاري على المستوى الجهوي من قبل الحكومة الإقليمية في كل الجهات عدا جهة واحدة. أما على مستوى المقاطعات (وريدا) فيتم انتخاب ممثلي المجالس القروية بشكل مباشر من قبل الساكنة المحلية. وتُعيَّن المجالس النيابية الهيئات التنفيذية والقضائية في المقاطعات الحضرية وإدارة المدينة (و.أ.ت.د، 2010)،
- لا تعتمد إثيوبيا على حصص تشريعية خاصة بعدد مقاعد كل جنس، بيد أن قوانين الحزب الحاكم حاليا تخصص نسبة 30 في المائة لنظام الكوتا (IDEA، 2012).

فعاليات المجتمع المدني

- ينهض مؤتمر الرؤية الإثيوبية للديمقراطية (م.ر.إ.د) بالوعي الديمقراطي لدى المواطنين ويعزز الحكامة الديمقراطية والريادة ويعقد دورات تكوينية في بناء قدرات المسؤولين والتربية على المواطنة مع تلقين مهارات التدبير (م.ر.إ.د، ب.ت).
- يعقد المعهد الإثيوبي لأبحاث السلام والتنمية (م.إ.أ.س.ت) دورات تكوينية في التربية على المواطنة ويقوم بتوعية المواطنين من خلال التركيز على مؤشرات الحكامة الديمقراطية واعتماد المقاربة التشاركية في السياسات والمساواة بين الجنسين في الحكم (م.إ.أ.س.ت، 2014).

مؤسسات بناء القدرات

- تقدم كلية الخدمة المدنية الإثيوبية (ك.خ.م.إ) الاستشارات والتكوينات الأكاديمية حول اللامركزية والحكامة الرشيدة وكيفية تمويل البلديات وطرق تقديم الخدمات العمومية على المستويين الفدرالي والإقليمي (ك.خ.م.إ، 2010).
- يهدف برنامج تطوير الخدمات الأساسية إلى الاستفادة من الخدمات الأساسية وتعزيز "نظام اللامركزية في تدبير المال العام" وخلق قنوات تواصلية تمكّن المواطنين من إبداء آرائهم للمسؤولين المحليين حول جودة الخدمات المقدمة (البنك الدولي، 2013).

الرقابة الجبائية

- تستفيد كل من الحكومات الإقليمية ونظيرتها المحلية من تحويلات مالية مهمة من الحكومة المركزية. وتعتبر هذه المنح أهم مورد مالي وبالتالي ينبغي التركيز من خلاله على معالجة الاختلالات العمودية التي تشهدها الموازنة بين الإدارات الفدرالية ونظيرتها المحلية (البنك الدولي، 2008).
- تختلف منح الصندوق الفدرالي من منطقة إلى أخرى نظرا لاستنادها على المتطلبات والإيرادات المحتملة (و.أ.ت.د، 2010)

مبادرات رائدة للحكامة المحلية التشاركية

- أطلقت الحكومة الانتقالية مسلسل اللامركزية سنة 1992 من خلال تفويض هام للسلط الإدارية للمجالس الإقليمية ومنحها سلطة تقديرية قوية لتطبيق سياسات قد سبق أن وضعتها الحكومة المركزية (IFPRI، 2011).
- في المرحلة الأولى، تم خلق نظام حكامة متكون من خمسة مستويات وهي: المستوى المركزي والإقليمي والجهوي ومستوى المقاطعات. وقد عُهِدَ إلى الحكومات المحلية بمسؤولية تقديم الخدمات العمومية مثل التعليم والصحة (البنك الدولي، 2008).
- شهدت سنة 1994 تطبيق اللامركزية الجبائية في الأقاليم ثم طُبقت سنتي 2002-2003 على مستوى المقاطعات مما كان له الوقع الإيجابي على الخدمات الأساسية (البنك الدولي، 2008).
- اضطلعت الحكومات المحلية في أربع أوسع مناطق سنتي 2002-2003 بمسؤوليات أكبر متعلقة بالمنفعة العامة والخدمات والتخطيط ووضع الميزانيات (IFPRI، 2011).

تحديات الحكامة المحلية التشاركية

- تفتقر العديد من المقاطعات لموظفين أكفاء ومؤهلين وبنيات تحتية قادرة على تقوية شبكة الماء والكهرباء والاتصالات (البنك الدولي، 2008).
- تعتمد إدارات المقاطعات على المنح غير المشروطة التي تقدمها الحكومة الإقليمية بشكل حصري لها والتي يخصص 90 في المائة منها لأداء الرواتب والتكاليف التشغيلية ويُستثمر مبلغ هزيل منها لتحسين جودة الخدمات (البنك الدولي، 2008).
- لا يزال تحصيل الإيرادات يتم بطريقة مركزية في حين تعتمد عملية النفقات على نظام اللامركزية مما يخول للحكومة المركزية سلطة على الإنفاق الإقليمي (و.أ.ت.د، 2010)

قائمة المراجع:

كلية الخدمة المدنية الإثيوبية (ك.خ.م.إ)، 2010: http://www.ecsc.edu.et/
المعهد الإثيوبي لأبحاث السلام والتنمية (م.إ.أ.س.ت)، 2014: http://eiipdethiopia.org/.
المعهد الدولي للديمقراطية وتقديم المساعدة الانتخابية (م.د.د.م.ا)، 2012: "إثيوبيا".
المعهد الدولي لبحوث السياسات الغذائية (م.د.ب.س.غ)، 2011، كوهين، غم وإم ليما:"خدمات الارشاد الزراعي والمساواة بين الجنسين".
الوكالة الأمريكية للتنمية الدولية (و.أ.ت.د)، 2010: "تقييم مقارن لنظام اللامركزية في إفريقيا: دراسة نظرية لإثيوبيا".
مؤتمر الرؤية الإثيوبية للديمقراطية (م.ر.إ.د)، ب.ت: http://www.vecod.org.et/
البنك الدولي، 2008، غارسيا، إم. وأي. راجكومار: "تحسين الخدمات المقدمة من خلال اعتماد نظام اللامركزية في إثيوبيا".
البنك الدولي، 2013: "الرفع من جودة الخدمات الأساسية في إثيوبيا: البرنامج الثالث".

غواتيمال

عدد السكان: 15.082.831
المرتبة التي تحتلها في سلم التنمية البشرية: 133/187
مؤشر التنمية البشرية: 0.581

أسفرت جهود تطبيق نظام اللامركزية في غواتيمالا عن توازن أفضل بين الحكومات المحلية التي تتمتع بكافة صلاحياتها واستقلاليتها. ومع ذلك فالميزانيات الهزيلة والتحويلات المالية غير الكافية من الحكومة المركزية تعيق التنمية البلدية (المدن المتحدة والحكومات المحلية (م.م.ح.م)، 2008).

لمحة عن نظام الحكامة المحلية

- ينقسم البلد إلى 22 محافظة و 332 بلدية وكل محافظة يقودها مجلس إدارة من أجل التنمية منتخب بأغلبية الأصوات. ويراقب المحافظ الذي يتم تعيينه من قبل الرئيس أعمال المجلس. وترأس البلديات من قبل أعضاء مجلس بلدي منتخب وعمدة منتخب من قبل السكان (م.م.ح.م، 2008).
- على المستوى الوطني، يعالج شهريا المسؤولون الحكوميون التابعين للأمانة العامة للرئيس موضوعات متعلقة باللامركزية وتراقب وزارة الداخلية عمل الحكومات المحلية (البنك الدولي، 2005، م.م.ح.م، 2008).
- لا تتوفر غواتيمالا على تشريعات محلية تنص على عدد مقاعد كل جنس (مشروع الكوتا، 2014).

فعاليات المجتمع المدني

- تدعم جمعية البحوث والدراسات الاجتماعية (ج.ب.د.ا) الأنشطة التي ترفع من مشاركة المواطنين. وتعد الجمعية بمثابة منتدى وطني للمواطنين لمناقشة قضاياهم السياسية والاجتماعية والاقتصادية (ج.ب.د.ا، 2012).
- منظمة عمل المواطن هي فرع لمنظمة ترانسبارنسي إنترناشيونال التي تسعى إلى محاربة الفساد وتعزيز الديمقراطية والرفع من مشاركة المواطنين في غواتيمالا (عمل المواطن، 2012).

مؤسسات بناء القدرات

- تركز جمعية غواتيمالا للمحافظين ورجالات السلطة الأصليين على تمكين البلديات والارتقاء بالمساواة بين الجنسين وتحسين وضعية السكان الأصليين (AGAAI، 2010).
- تعتبر الجمعية الوطنية لبلديات غواتيمالا هيئة خاصة تكمن مهمتها في تقوية البلديات والنهوض بقدرات القادة المحليين (ANAM، ب.ت).

الرقابة الجبائية

- تتكون ميزانية البلديات من شقين: شق متكون من الإيرادات الضريبية المحدودة للبلدية وشق ثان متكون من التحويلات المالية للحكومة المركزية. وينص دستور سنة 1985 على أنه يتعين تحويل نسبة 10 في المائة من مجموع الإيرادات العامة للحكومة المركزية للبلديات (البنك الدولي، 2013).

مبادرات رائدة للحكامة المحلية التشاركية

- ارتكزت غواتيمالا في إطلاق مشروعها الديمقراطي سنة 1994 على دستور سنة 1985 مما أطلق مسلسل اللامركزية باعتبارها إصلاحا اداريا واقتصاديا يقوم على مشاركة المواطنين (Ruano، 2012). ولقد ترتبت على اتفاقات السلام لسنة 1996 قوانين مهمة وإصلاحات تهم نظام اللامركزية (Ruano، 2012).
- تمت المصادقة سنة 2002 على قانون اللامركزية ومراجعة القانون البلدي، فضلا عن اعتماد نظام جديد لمجلس التنمية الاجتماعية. وكان لهذه الترسانة القانونية دور في نقل السلطة والمسؤوليات للبلديات ولهيئات تنفيذية أخرى (Ruano، 2012).
- يسطر منتدى اللامركزية لغواتيمالا الذي أطلق سنة 2005 برنامجا منظما ويضعه رهن إشارة المسؤولين الحكوميين لمناقشة التحديات التي تواجه نظام اللامركزية والالتقاء مع مختلف الخبراء (البنك الدولي، 2005).
- يهدف البرنامج التدريبي للمحطات الإذاعية التابعة لبلديات غواتيمالا والمنظم بمبادرة من البنك الدولي (يهدف) إلى تعزيز سياسة اللامركزية في غواتيمالا من خلال إعطاء دروس توعوية للمواطنين خصوصا قادة الجماعات ومسؤولي الحكومات والمواطنين الراغبين في المشاركة في تطوير أداء الحكومة المحلية، إضافة إلى نشر الوعي الحقوقي والتعرف على طرق صياغة الطلبات العمومية والقيام باستثمارات بلدية (البنك الدولي، 2007).

تحديات الحكامة المحلية التشاركية

- تواجه البلديات تحديات مالية تتمثل في تحديد الكونغرس للضرائب واعتمادها على التحويلات المالية من الحكومة المركزية وهزالة الميزانية المخصصة لها (المدن المتحدة والحكومات المحلية (م.م.ح.م)، 2008، البنك الدولي، 2013).
- لا زال الفساد ينخر هياكل الدولة. فقد احتلت غواتيمالا الرتبة 123 من أصل 177 دولة في مؤشر الفساد برسم سنة 2013 الذي تنشره ترانسبارنسي إنترناشيونال (ت.ا، 2013).
- يهدد تزايد الجريمة المنظمة استقرار البلد بشكل عام (الوكالة الأمريكية للتنمية الدولية، 2014).

قائمة المراجع:

جمعية البحوث والدراسات الاجتماعية (ج.ب.د.ا)، 2012: http://www.asies.org.gt.
جمعية غواتيمالا للمحافظين ورجالات السلطة الأصليين، 2010: http://notiagaai.blogspot.com/p/agaai.html.
الجمعية الوطنية لبلديات غواتيمالا، ب.ت: http://anam.org.gt/nueva/.
مشروع الكوتا، 2014:"غواتيمالا".
روينو، أي، 2012: "دور المشاركة الاجتماعية في النظم الصحية على مستوى البلديات: حالة فالنسا، غواتيمالا".
ترانسبارنسي إنترناشيونال (ت.إ) 2013: "الفساد حسب البلد/الإقليم. غواتيمالا".
المدن المتحدة والحكومات المحلية (م.م.ح.م)، 2008: "ملامح قطرية لجمهورية غواتيمالا".
لوكالة الأمريكية للتنمية الدولية، 2014: "الديمقراطية والحكامة في غواتيمالا".
البنك الدولي، 2005: "منتدى نظام اللامركزية في غواتيمالا".
البنك الدولي، 2007: "البرنامج التدريبي للمحطات الإذاعية التابعة لبلديات غواتيمالا".
البنك الدولي، 2013: "نحو جودة نفقات أفضل. تقرير حول النفقات العمومية لغواتيمالا".

الهند

عدد السكان: 1.236.686.732
المرتبة التي تحتلها في سلم التنمية البشرية: 136/187
مؤشر التنمية البشرية: 0.554

يدعو دستور الهند إلى تطبيق نظام اللامركزية والديمقراطية المحلية القائمة على المشاركة، إلا أنه غالبا ما تمتنع الحكومة المركزية عن نقل السلطة إلى المستوى المحلي (Rao and Raghunandan، 2011).

لمحة عن نظام الحكامة المحلية

- تعتبر الهند جمهورية فيدرالية بحكومة مركزية وحكومات محلية تتألف من 28 ولاية وسبعة أقاليم اتحادية تحت سلطة الحكومات المركزية. وتنقسم الحكومات المحلية إلى سلطات حضرية وأخرى قروية (البانشايات) (المدن المتحدة والحكومات المحلية (م.م.ح.م)، 2007،2013، CLGF).
- يوجد في الهند ثلاثة أنواع من الهيئات الإدارية: هيئة إدارية كانت عبارة عن بلديات قروية وتتحول لتصبح حضرية والمجالس البلدية التي هي عبارة عن مناطق حضرية صغيرة المساحة، ثم الحكومة المحلية وهي عبارة عن مناطق حضرية كبيرة المساحة (CLGF، 2013).
- في معظم الولايات تتسم البانشايات (السلطات القروية) بهيكلة تنقسم إلى ثلاثة مستويات: القرى والقرى التي تسير نحو التحضر والمقاطعات. فعلى مستوى القرى، ينتخب المواطنون أعضاء المجلس ورئيسه الذي له نفوذ أيضا على مجلس البانشايات السائرة نحو التحضر. وينتخب هذا الأخير ممثليه لدى مجلس البانشايات الخاص بالمقاطعة (موسوعة بريطانيكا، 2013).
- ينص القانون البلدي على أنه عندما يتجاوز عدد المواطنين للبلديات الحضرية 300.000 فيجب انتخاب لجنة يرأسها مستشار (CLGF، 2013).
- تضطلع الدولة بمهمة تفويض السلطة وتمكين المؤسسات المحلية. ومن تم فإن الحكومات المحلية تبقى تابعة للحكومة المركزية التي يُعيّن محافظها من قبل الرئيس (م.م.ح.م، 2007).
- تخصص نسبة 33 في المائة من عموم المقاعد الخاصة بالهيئات الحكومية المحلية للنساء وفق ما جاء في الدستور. وهناك بعض الولايات التي رفعت من الحصص التشريعية التي تحدد عدد مقاعد الجنسين إلى النصف في البانشايات كما في البلديات (مشروع الكوتا، 2014) .

فعاليات المجتمع المدني

- تهدف منظمة تعزيز مراكز الموارد المحلية (م.ت.م.م.م.) إلى تشجيع مشاركة المواطنين والسلطات المحلية لرفع تحديات الكثافة السكانية في المناطق الحضرية (م.ت.م.م.م).
- يعتبر مركز جميع معاهد الهند للحكم الذاتي المحلي (ج.م.ه.ل.ذ.م) مؤسسة مستقلة للأبحاث والتكوينات تهدف إلى تمكين الحكامة في المناطق الحضرية وتقاسم أفضل للممارسات وتقوية بناء القدرات وعقد دورات تكوينية (ج.م.ه.ل.ذ.م، 2014).

مؤسسات بناء القدرات

- يُعنى مجتمع ممارسة اللامركزية (م.م.ل) الذي أنشئ سنة 2007 بتوحيد الأفراد الذين يلتقون حول فكرة النهوض بالحكامة ودعم اللامركزية السياسية والإدارية والمالية سواء تعلق الأمر بالمناطق الحضرية أو القروية، وذلك بإشراف الوحدة الديمقراطية للحكامة التابعة لبرنامج الأمم المتحدة الإنمائي (م.م.ل، 2011).
- يقوم المركز الوطني للأبحاث الاقتصادية التطبيقية (م.و.أ.ا.ت) بتحليل مظاهر الحكامة القروية لمعرفة هل فعلا نظام اللامركزية والمؤسسات الحكومية يمكنه تحقيق النمو والتخفيف من حدة الفقر (م.و.أ.ا.ت، 2012).

الرقابة الجبائية

- يحق للحكومات المحلية فرض الضرائب ورسوم الانتفاع ورسوم أخرى، وتشكل الضريبة على الملكية 60 في المائة من إيرادات البلديات بينما تحصل بعض المدن على ايراداتها من خلال فرض ضرائب على البضائع الواردة . أما فيما يخص البانشايات فهي تتلقى تحويلات مالية من المنظمات الحكومية الدولية والتي تصل إلى 90 في المائة من ايرادات السلطات القروية (م.م.ح.م، 2007،2011، Rao and Raghunandan).
- تعتمد أغلب مشاريع البنيات التحتية الحضرية التي أطلقتها بلديات الحكومات المحلية بالدرجة الأولى على صناديق الحكومات المركزية إلى جانب وكالات أخرى (CLGF، 2013).

مبادرات رائدة للحكامة المحلية التشاركية

- في سنة 1959، قادت سلسلة من اللجان التطور الذي عرفته الهند على مستوى الإطار المؤسساتي للحكومة المحلية مما أدى إلى التعديلات الدستورية للمرة 73 و 74 والذي يهدف إلى تدبير اللامركزية القروية وتعزيز اللامركزية الحضرية (م.م.ح.م، 2007).
- تمت المصادقة على التعديلات الدستورية 73 و 74 والتي تسعى إلى خلق بنية هيكلية ثلاثية المستويات للحكومة المحلية وتنظيم انتخابات مباشرة في المناطق الحضرية والقروية ومنح سلطة سياسية وجبائية أكبر للبانشايات وتخصيص مقاعد لقادة الطوائف والقبائل (م.م.ح.م، 2007، البنك الدولي، 2013).
- نفّذت الهند سنة 2010 النظام المركزي العمومي لرفع المظالم ورصد التعويضات لشكاوى المواطنين، مما مكنهم من تقديم تظلماتهم وتتبع تقدم ملفاتهم. وقد ساهمت آليات المساءلة في تحسين الخدمات العامة (Zeenews، 2012).
- تقوم وزارة البانشايات بتقييم سنوي لنظام اللامركزية وتنشر التصنيف على موقعها الإلكتروني (MPR، 2014).

تحديات الحكامة المحلية التشاركية

- تم وضع قيود أرغمت الحكومة المركزية على نقل الصلاحيات إلى الحكومة المحلية (Rao and Raghunandan، 2011).
- بالرغم من تطبيق اللامركزية القروية لم تصبح البانشايات مؤسسات حكم ذاتي محلية حتى بعد تنصيص الدستور على ذلك (Rao and Raghunandan، 2011).
- تحتاج البانشايات إلى إرادة سياسية وتفويض للسلطة الجبائية لتؤدي وظيفتها كمؤسسة للحكم الذاتي (Mohapatra، 2012).

قائمة المراجع

جميع معاهد الهند للحكم الذاتي المحلي (ج.م.ه.ل.ذ.م)، 2014: http://www.aiilsg.org/.
منتدى رابطة الشعوب البريطانية (م.ر.ش.ب)، 2013: "ملامح قطرية للهند".
موسوعة بريطانيكا، 2013: الهند: "الدولة والحكومات المحلية".
المدن المتحدة والحكومات المحلية (م.م.ح.م)، 2007: "ملامح قطرية للمدن المتحدة والحكومات المحلية: جمهورية الهند".
وزارة البانشايات (MPR)، 2014: "تصنيف الدول/ UTS استنادا إلى تفويض الصناديق، الوظائف والموظفين لمؤسسات البانشايات".
Mohapatra، 2012: "مؤسسات الحكم الذاتي المحلي واللامركزية الجبائية في الهند: من التكوين إلى العمل".
المركز الوطني للأبحاث الاقتصادية التطبيقية (م.و.أ.ا.ت)، 2012: http://www.ruralgov-ncaer.org/index.php.
مشروع الكوتا، 2014: "الهند".
Rao and Raghunandan 2011: "اللامركزية الجبائية في الحكومات المحلية القروية في الهند: قضايا مختارة وخيارات الإصلاح".
منظمة تعزيز مراكز الموارد المحلية (م.ت.م.م.م.)، ب.ت: http://www.sparcindia.org/.
البنك الدولي، 2013، مانسوري، دجي و في.راو: "توطين التنمية. هل مشاركة المواطنين تجدي نفعا؟".
مجتمع ممارسة اللامركزية (م.م.ل)، 2011:
www.in.undp.org/content/india/en/home/ourwork/democraticgovernance/decentralization-community--solution-exchange-india/.
موقع Zeenews.com، 2012: "تم تلقي ما يفوق 27.000 من المظالم العامة لسنة 2011".

إندونيسيا

عدد السكان: 246.864.191
المرتبة التي تحتلها في سلم التنمية البشرية: 121/187
مؤشر التنمية البشرية: 0.629

قامت إندونيسيا بإصلاحات هيكلية لنظام اللامركزية أطلق عليه اسم "الانفجار الكبير" نظرا لحجم الصلاحيات التي فوضتها الحكومة المركزية إلى المقاطعات (البنك الدولي، 2002).

لمحة عن نظام الحكامة المحلية

- تعتبر الحكومات المحلية ونظيرتها الإقليمية هيئات مستقلة إداريا وإقليميا داخل الدولة المركزية. وتنقسم إندونيسيا على المستوى المحلي إلى أقاليم ومدن ومقاطعات ولكل إدارة جهاز تشريعي ونظام حكم خاص بها (البنك الدولي، 2006).
- البرلمان يرأسه الرئيس والمحافظ يكون على رأس حكومة المدينة أما الحكومة المحلية فيترأسها الوصي ويتم انتخاب كل من الرئيس والمحافظ باقتراع مباشر (البنك الدولي، 2006).
- تراقب وزارة الداخلية عمل الحكومات المحلية في حين تشرف وزارة المالية والمجلس الأعلى للتدقيق على الشؤون المالية (المدن المتحدة والحكومات المحلية (م.م.ح.م)، 2007).
- يتعين على النساء محليا تشكيل نسبة 30 في المائة من المرشحين لعضوية ممثلي مجلس الشعب ومجلس النواب الإقليمي (مشروع الكوتا، 2014).

فعاليات المجتمع المدني

- تهدف منظمة الشراكة من أجل إصلاح الحكامة إلى الارتقاء بالحكامة ورفع مستوى الشفافية وتعزيز نظام اللامركزية وتمكين المجتمع المدني ليصبح له موطئ قدم داخل الحكومة والقطاع الخاص (Kemitraan، 2014).
- تسعى منظمة Satunama إلى تحسين الشفافية وترسيخ مبدأ المساءلة والحد من ممارسات الفساد من خلال خلق شبكات وتعزيز التعاون بين المواطنين والمنظمات والمجتمعات (Satunama، 2011).

مؤسسات بناء القدرات

- تقوم جمعية بلديات إندونيسيا (APEKSI) بإجراء أنشطة من شأنها بناء قدرات موظفي الحكومات من خلال برامج تعالج مختلف المواضيع مثل التمويل المحلي وإصلاح قطاع الخدمة المدنية ومحاربة الفساد والتخطيط وإعداد ميزانيات تأخذ بعين الاعتبار النوع الاجتماعي (Gender) (APEKSI، 2014).
- تتكون رابطة المجالس البلدية في إندونيسيا (ADEKSI) من 93 مجلسا بلديا يتم تأطير موظفيهم من خلال حضورهم ورشات عمل حول الحكامة الرشيدة. كما تعنى هذه الرابطة أيضا بتقديم الاستشارة للمجالس البلدية حول مشاريع القوانين وطرق تطبيق الأنظمة المحلية وذلك من خلال إشراك المواطنين في هذه العملية أيضا (DELGOSEA، 2014).

الرقابة الجبائية

- وفقا للقانون رقم 25/1999، يتوجب على الحكومة المركزية تحويل على الأقل نسبة 25 في المائة من صافي الإيرادات المحلية إلى الحكومات التابعة لها. وتنقسم هذه النسبة بدورها إلى قسمين: نسبة 10 في المائة يتم تحويلها إلى الحكومات الإقليمية، في حين تذهب نسبة 90 في المائة منها إلى الحكومات المحلية التي تعتمد أساسا على هذه التحويلات المالية التي لها كامل حرية التصرف في صرفها (البنك الدولي، 2006).
- تحدد الحكومة المركزية الضرائب المحلية وأسعار الفوائد ويمكن للحكومات المحلية خلق ضرائب محلية أخرى إذا وافقت الحكومة المركزية على ذلك (م.م.ح.م، 2007، م.م.ح.م، 2010).

مبادرات رائدة للحكامة المحلية التشاركية

- بالمصادقة على "قوانين الحكم الذاتي" سنة 1999، تم تدشين عهد جديد من نظام اللامركزية. لقد منح قانون 22/1999 للمحافظات استقلالية أكبر لتسيير قطاعي الصحة والتعليم والقيام بالأشغال العمومية. في حين تناول قانون 25/1999 الشؤون المتعلقة باللامركزية الجبائية (م.م.ح.م، 2007).
- تم تعديل "قوانين الحكم الذاتي" في سنة 2004 ليصبح انتخاب المحافظين والعمداء بشكل مباشر (م.م.ح.م، 2007).
- في سنة 2009، فوض القانون الجديد السلطة لتحصيل الضرائب العقارية الحضرية والقروية للحكومات المحلية بغية استمرار سياسات اللامركزية على مدى خمس سنوات (م.م.ح.م، 2010).

تحديات الحكامة المحلية التشاركية

- صحيح أن نظام اللامركزية زاد من صلاحيات الحكومات المحلية، إلا أن إيرادات الضرائب مازال يسري عليها نظام المركزية. وتقدر الإيرادات الخاصة بالحكومات الإقليمية ونظيرتها المحلية بحوالي 8 في المائة فقط من إجمالي الإيرادات (م.م.ح.م، 2010).
- لقد خلقت اللامركزية استقلالية محلية ونوعا من "الانغلاق على الذات" الذي يمكن أن يعود بنتائج سلبية على المنطقة عند مواجهة مشاكل تقتضي التعاون مع مناطق أخرى (لجنة الأمم المتحدة الاقتصادية والاجتماعية لآسيا والمحيط الهادئ، 2003).

قائمة المراجع:
جمعية بلديات إندونيسيا (APEKSI)، 2014: http://apeksi.or.id/
رابطة المجالس البلدية في إندونيسيا (ADEKSI)، 2013: http://www.adeksi.or.id/.
الشراكة من أجل الحكم المحلي الديمقراطي في جنوب شرق آسيا (DELGOSEA)، 2014: "رابطة المجالس البلدية في إندونيسيا (ADEKSI)".
مشروع الكوتا، 2014: "إندونيسيا".
Sautanama، 2011: http://sautanama.org.
الشراكة من أجل إصلاح جيد لنظام الحكامة (Kemitraan)، 2014: http://www.kemitraan.or.id/.
لجنة الأمم المتحدة الاقتصادية والاجتماعية لآسيا والمحيط الهادئ (UNESCAP)، 2003: "تقارير حول أنظمة الحكومات المحلية لإندونيسيا".
المدن المتحدة والحكومات المحلية (م.م.ح.م)، 2007: "ملامح قطرية للمدن المتحدة والحكومات المحلية لإندونيسيا".
المدن المتحدة والحكومات المحلية (م.م.ح.م)، 2010: "الشؤون المالية للحكومة المحلية: تحديات القرن الحادي والعشرين".
برنامج الأمم المتحدة الإنمائي (UNDP)، 2012: "المؤشرات العالمية للتنمية البشرية: إندونيسيا".
البنك الدولي، 2002، هوفمان، بي. و كي. كيسر: "هل يمكن لنظام اللامركزية المساعدة في إعادة بناء إندونيسيا؟"
البنك الدولي، 2006، الشاه، أي: "الحكامة في القطاع العام وسلسلة المساءلة: الحكامة المحلية في البلدان النامية".

مؤشر الحكامة في أندونيسيا (IGI)

ليني هدايات، شراكة من أجل إصلاح الحكامة

نظرة شاملة

يعتبر مؤشر الحكامة في أندونيسيا (GII) نموذجا تقييميا لقياس درجة أداء الحكامة في أربعة مجالات جهوية. يتعلق الأمر بالمؤسسات السياسية، البيروقراطية، المجتمع المدني واقتصاد المجتمع. لقد كان هذا المؤشر فعالا في تمكين المواطنين من تتبع عمل الحكومات المحلية وجعلها تعي بمسؤولياتها وضرورة توضيح عملها من خلال الكشف عن المعطيات المحصل عليها ونشر النتائج المتوصل إليها.

يقيس المؤشر مدى اشتغال الحكامة المحلية من خلال إطار تقييمي مبني على قاعدة (4x6) لقياس المجالات الجهوية الأربعة مقابل ستة مبادئ لقياس الحكامة الجيدة وهي: المشاركة، المساواة، المساءلة، الشفافية، مدى المردودية والفاعلية. وفي كل خلية، هنالك مؤشرات فرعية يشتغل عليها فريق مؤشر الحكامة في أندونيسيا (م.ح.أ) بحسب أهميتها وبحسب أهمية مسلسل الحكامة ودرجة توفر المعطيات والسلطة التمييزية ثم مؤشر التقارب فيما بين الأقاليم. يتم العمل في هذا الإطار بـ 89 مؤشرا على المستوى الجهوي و 133 مؤشرا على مستوى المقاطعات.

يعطينا (م.ح.أ) صورة إجمالية عن الأقاليم تلخص أداء الحكامة فيها من خلال عملية تصنيف مجالات الحكامة مثل مؤشر النوع، البيئة والالتزام الموازناتي بالنسبة للخدمات القاعدية ثم مؤشر الاستثمار. الصور الإجمالية تلك تشمل، أيضا، التحليل الإحصائي للقضايا المرتبطة بالحكامة وتحليل الأنواع الثلاثة للمعطيات المؤهلة وهي: الهدف، الآفاق ثم الحكم. وتُجمع كل النتائج من خلال حساب درجة التحصيل على سلم تصنيفي تتراوح درجاته بين 0 و10 بالنسبة لكل مؤشر على حدة. العلامات الضعيفة المحصل عليها في المؤشر تشير إلى ضعف الأداء عن كل وظيفة فردية، أما عندما تكون العلامة على مؤشر التصنيف مرتفعة، فهذا يعني وجود تقارب وتفاعل بين مختلف الخانات.

المشاركون في البرنامج

- منذ العام 2007، بلغ عدد المشاركين في صياغة (م.ح.أ) 102 باحث، حوالي 20 في المائة منهم نساء و 7 أعضاء من إدارة المشروع.
- كما شهد (م.ح.أ) مشاركة 1857 شخصا من الأشخاص المطلعين جيدا على المعطيات المتعلقة بأندونيسيا في المجالات الجهوية الأربعة. حوالي 10 في المائة منهم نساء.
- وسهر 50 خبيرا على بلورة نموذج جديد من (م.ح.أ) يقدم طريقة تقييمية لدرجة أداء خدمات الحكومة الإلكترونية وتصنيفها إلى أداء قوي وآخر ضعيف وكذا تصنيف المواقع المثالية على مستوى الأقاليم والمقاطعات.
- خلال مسلسل تطويري امتد على 8 سنوات، استطعنا أن نراكم أكثر من 000 26 ساعة تحليل للمعطيات من أجل استعمالها في (م.ح.أ).

لقد أدرك فريق (م.ح.أ) أن تدبير البحث على نطاق واسع يتطلب استحضار العديد من العوامل المؤطرة للعمل من قبيل البعد الأخلاقي، احترام مسطرة العمل ثم الالتزام. في هذا الصدد، صاغ الفريق بروتوكولا للبحث التقني في التكوين العميق وقدم مساعدة تقنية كبيرة للباحثين المحليين.

قرائن النجاح

اعتبارا لصفته كمتدخل فاعل في مجال الشفافية والمساءلة لدى الحكومات المحلية في أندونيسيا، حظي (م.ح.أ) بسند قوي وتقييم إيجابي من مختلف الممثلين للحكومة والموظفين ومنظمات المجتمع المدني ووسائل الإعلام والجامعات و خبراء الحكامة والمجتمع الاقتصادي من مستواه الوطني إلى مستواه المحلي. فقد استطاع (م.ح.أ) أن يبين كيف أن السياسات المؤسسة على قاعدة قوية تفرز تغيرات إيجابية ومنتجة على مستوى العمل الموازناتي ومعايير تأثير الحكامة على الناس والمجتمع والتفاعل بين الفاعلين في الحكامة.

استنساخ النموذج

اعتمد مركز الحكامة التابع لبرنامج الأمم المتحدة الإنمائي بأوسلو (OGC) (م.ح.أوسلو) مشروع (م.ح.أ) كمثال ناجح وطرحه على بوابته الإلكترونية للحكامة، كما دعا (م.ح.أوسلو) أحد أبرز باحثي (م.ح.أ) لتقديم عروض حول عدد من البلدان الإفريقية في موضوع تطبيقه واستراتيجيته والدروس المستخلصة منه وعرضها في مؤتمرات بالقاهرة في مصر وبالسينغال.

إضافة إلى ذلك، استطاع هذا النموذج أن ينال ثقة العديد من الحكومات المحلية في أندونيسيا كنموذج ناجح واستعماله في تقييم وقياس مدى فاعلية التدبير والبحث والتخطيط الاستراتيجي باعتماد ميزانيتها الخاصة.

رفع التحديات

لجأ فريق المشروع إلى تمديد مدة جمع المعلومات من ثلاثة إلى ستة أشهر لتجاوز صعوبة الولوج إلى المعلومات والحصول على المعطيات. كما وظف (م.ح.أ) علاقاته مع وسائل الإعلام لضمان نشر المعطيات ولجأ، أيضا، إلى وسائل الإعلام الاجتماعية لاستعمالها كبنية تحتية لاقتسام وتوزيع معطياته.

التنمية المستدامة

استطاع (م.ح.أ) أن يرفع عدد الجامعات والمعاهد التي تجري الأبحاث العميقة، وذلك على المستويين الوطني والمحلي. ورغم أن (م.ح.أ) تتولاه وزارة الداخلية الإندونيسية، فإنه ما يزال في حاجة لمزيد من التمويل الإضافي لأنه لا يمكنه أن يقبل تمويلا مباشرا من الحكومة.

المراجع:

مؤشر الحكامة في إندونيسيا (م.ح.أ)، د.ت: www.kemitraan.or.id/igi

مؤشر الحكامة في إندونيسيا (م.ح.أ)، د.ت: "منتدى الأسئلة"، http://www.kemitraan.or.id/igi/index.php/faq

"مسلسل تراتبي تحليلي"، 2013: http://www.igi-global.com/article/analytic-hierarchy-process-evaluation-government/76927

الأردن

عدد السكان: 6.318.000
المرتبة التي تحتلها في سلم التنمية البشرية: 100/187
مؤشر التنمية البشرية: 0.700

سعت الأردن إلى القيام بإصلاحات سياسية ترمي إلى تشجيع مشاركة المواطنين وترسيخ ثقافة الديمقراطية. وتتجلى هذه الإصلاحات في تفويض الحكومة لصلاحياتها إلى الحكومات المحلية.

لمحة عن نظام الحكامة المحلية

- تنقسم الأردن إلى 12 محافظة و 93 بلدية وأمانة عمان الكبرى (EuropeAid، 2011).
- يُعيّن الملك محافظا على رأس كل محافظة ويرأس البلديات عمدة أو مستشار منتخب (EuropeAid، 2011).
- لا تعتبر البلديات التي تشرف عليها وزارة الشؤون البلدية جزءا من الحكومة المركزية كما أنها ليست هيئات محلية عمومية ذات اختصاصات واسعة (EuropeAid، 2011).
- يُحتفظ للنساء بـ 25 في المائة من مقاعد المجالس البلدية (OpenDemocracy، 2013).

فعاليات المجتمع المدني

- تعمل منظمة الشركاء- الأردن من أجل تقوية المجتمع المدني وتسهر على النهوض بالحقل السياسي والشؤون الاجتماعية من خلال تعزيز الوساطة وإدارة الصراع وتشجيع مشاركة المواطنين (الشركاء- الأردن).
- يكمن دور مركز الحياة لتنمية المجتمع المدني في مراقبة الانتخابات وسير عمل المجالس المنتخبة وتعزيز اللامركزية وترسيخ مبادئ الحكامة المحلية والتربية على المواطنة وتمكين النساء من دوائر القرار (مركز الحياة، 2013).

مؤسسات بناء القدرات

- يقدم المعهد الأردني للإدارة العامة (م.أ.إ.ع) دورات تكوينية تقنية لتقوية دور المؤسسات المحلية والإقليمية في القطاع العام عبر تقديم الاستشارة المالية والإدارية (م.أ.إ.ع).
- يقدم مركز الرؤى للدراسات التنموية والإستراتيجية استشارات للبلديات المحلية حول عدة قضايا مثل إعادة هيكلة المؤسسات ووضع مقاربة تدبيرية للمالية العامة وقضايا التنمية المحلية والتخطيط (مركز الرؤى، 2014).

المراقبة الجبائية

- تتوفر البلديات على عدة مصادر للدخل مثل تمويلات الحكومة المحلية وعائدات استثمارات الأملاك البلدية وإيرادات ضرائب الأراضي التابعة للبلديات والرسوم المفروضة على الأعمال التجارية التي تقع ضمن النفوذ الإداري التابع للبلدية وإسهامات المؤسسات الوطنية والدولية والقروض التي تمنحها بنوك التنمية. غير أن حق البلديات في تحصيل هذه الضرائب والرسوم يبقى محدودا. (EuropeAid، 2011 ، المدن المتحدة والحكومات المحلية (م.م.ح.م)، 2007).

مبادرات رائدة للحكامة المحلية التشاركية

- قامت الأردن سنة 1994 بإعادة النظر في قانون الانتخابات البلدية لسنة 1955 لتمكّن محافظي البلديات من أن يتم انتخابهم بشكل مباشر عدا بلدية عمان. وأجريت أول انتخابات بلدية على الصعيد الوطني سنة 1995 (المعهد الديمقراطي الوطني، 1995).
- تمت المصادقة في سنة 2007 على قانون بلدي جديد ألغى قانون سنة 2001 الذي يقضي بتجديد الترخيص لانتخاب أعضاء المجالس والمحافظين (ماعدا في عمان). كما نص أيضا هذا القانون على تخصيص عدد معين من المقاعد داخل المجالس البلدية للنساء (Carnegie، 2007).
- يتم حاليا إعداد مشروع حول الحكامة المحلية وقانون بلدي جديد لتحسين التمثيلية وتعزيز سلطة البلديات وتقوية المجالس المحلية والرفع من إشراك المواطنين في اتخاذ القرار (The Jordan Times، 2014، البوابة، 2014).

تحديات الحكامة المحلية التشاركية

- تواجه البلديات مشكلة تفاقم الديون وشح المصادر وندرة الخبرات التقنية وقلة الشفافية (م.م.ح.م، 2007).
- بالرغم من أن البلديات بدأت في إجراء الانتخابات مجددا، إلا أن الحكومة المركزية لديها سلطة لا بأس بها للتدخل في الشؤون المحلية (م.م.ح.م، 2007).
- عرفت الانتخابات البلدية التي أجريت في سنة 2013 مقاطعة من الأحزاب السياسية، وسجلت معدل مشاركة ضعيف جدا وشابتها بعض الأعمال غير النزيهة مثل شراء الأصوات وأعمال العنف (Al-Monitor، 2013).
- تلعب البلديات دورا ثانويا لأن نفوذها يغطي فقط 3.6 في المائة من كل الأراضي (...) مما يعني أن جزءا كبيرا من الأراضي تابعة للدولة (EuropeAid، 2011).

قائمة المراجع:

البوابة، 2014: "هل العطاء يأتي قبل الأخذ؟ تسعى الحكومة الأردنية إلى تقصي ردود الشارع حول توجهات الاصلاح".
مركز الحياة لتنمية المجتمع المدني، 2013: http://www.hayatcenter.org/index.php/en/
Al-Monitor، 2013، الصمدي، تي:"عرفت الانتخابات المحلية الأردنية معدل تصويت متدني".
مؤسسة Carnegie لتعزيز السلام الدولي، 2007: "الأنظمة السياسية العربية: معلومات أساسية حول إصلاح الأردن".
EuropeAid، 2011: "السعي في تطبيق اللامركزية في الحكومة الهاشمية الأردنية: بعض النتائج الأولية لتحليل الوضع".
المعهد الأردني للإدارة العامة (م.أ.إ.ع)، 2010: http://jipa.gov.jo/ar/index_en.shtml.
المعهد الديمقراطي الوطني (م.د.و)، 1995: "الديمقراطية والحكامة المحلية في الأردن: 1995 الانتخابات البلدية".
openDemocracy، 2013، بيتروبيلي، إم: "سياسية تعزيز حقوق الإنسان في الأردن".
الشركاء- الأردن، 2010: http://www.partners-jordan.org/about.php.
ذو جوردن تايمز، 2014، الإمام، دي: "يهدف قانون البلديات الجديد إلى ترسيخ اللامركزية".
المدن المتحدة والحكومات المحلية (م.م.ح.م): "ملامح قطرية للمدن المتحدة والحكومات المحلية للمملكة الهاشمية الأردنية".
مركز الرؤى للدراسات التنموية والإستراتيجية، 2014: http://jordanvisions.org/

اللا مركزية في الأردن: رفع تحدي الشرق الأوسط

أيوب نمور مركز الحياة لتنمية المجتمع المدني

تقديم

ينعم الأردن ببيئة داخلية آمنة وتعددية سياسية على الرغم من صعوبة الظروف الجيوسياسية. فهو يشكل نموذجا نادرا للتحول الديمقراطي السلمي في الشرق الأوسط.

في سنة 2011، قضت التعديلات الدستورية بتأسيس هيئتين جديدتين وهما: المحكمة الدستورية واللجنة الانتخابية المستقلة (ل.ا.م)، مما يعكس الالتزام الجدي في تنفيذ مسلسل الديمقراطية.

ومع ذلك، فتطبيق الديمقراطية في الشرق الأوسط ليس بالأمر الهي والأردن، على وجه التخصيص، تواجهه تحديات كبرى متمثلة، خاصة، في عدد السكان البالغ 6.5 مليون أردني زاد في ارتفاعه التدفق الهائل لقرابة مليون سوري على أراضيه.

لقد أطلق الملك عبد الله الثاني مسلسل اللامركزية لبلورة مقاربة تشاركية من شأنها ملء الفراغ الحاصل بين الحكومة المركزية والهيئات المحلية، فيما أسفر حوار وطني قوي حول البنية المستقبلية للحكامة المحلية عن إطلاق مشروعي قانون يضعان الإطار القانوني للديمقراطية المحلية وهما : قانون البلدية الذي تم تعديله مرارا وتكرارا لتلبية الاحتياجات التنموية، وقانون مجالس المحافظات الذي ظبق حديثا.

فقد أحالت الحكومة الأردنية مسودة مشاريع القوانين على"ديوان التشريع والرأي" لتصاغ في قالبها القانوني قبل أن يحيلها بدوره على البرلمان لمناقشتها والمصادقة عليها وتقديمها للملك لإعطاء موافقته عليها تمهيدا لدخولها حيز التنفيذ. ومن المتوقع أن تطول هذه الإجراءات حتى أواخر عام 2014 إن لم تمتد إلى أوائل العام 2015. موازاة مع ذلك، تجري مشاورات عامة مع منظمات المجتمع المدني والمنظمات المجتمعية ورؤساء البلديات وباقي الجهات المعنية.

المركز يتنازل عن بعض صلاحيات

: تستحوذ الحكومة المركزية على حصة الأسد من السلطة المحلية والميزانية والتخطيط الاستراتيجي والتعليم والصحة والأمن، والأكثر من ذلك أنها تتمتع بسلطة حل أي مجلس منتخب في أي وقت شاءت.

هيمنة الدوائر المركزية هذه تظهر أكثر في كون الحكومة ليست منتخبة ولا يتم تشكيلها من قبل البرلمان بل يعينها الملك بشكل مباشر. وينتج عن هذا الوضع إفراز سياسات محلية بعيدة عن احتياجات وتطلعات التنمية المحلية.

حاليا، صارت الحكومة تبدي استعدادها لاعتماد نظام اللامركزية من خلال تشكيل وفود مركزية تحت إشراف السلطات. فقد نصت مسودة مشروع القانون الجديد على إحداث مجلسين لكل محافظة من محافظات الأردن الإثنتا عشرة؛ وهما المجلس التنفيذي، الذي يعتبر هيئة تعينها الحكومة ومجلس المحافظة وهو هيئة منتخبة من قبل الإدارات المحلية.

المساءلة الاجتماعية

الهيكلة الإدارية القائمة اليوم في الأردن تمكنه من الحفاظ على معدل تطور تدريجي للديمقراطية مع التقليل من المخاوف الأمنية، وهو ما يسمح له بتحقيق نموذج ديمقراطي حديث في الشرق الأوسط قد يكون جاهزا في متم العقد المقبل. ومن أجل ذلك، يتعين على السلطات المحلية نهج سياسة القرب مع المواطنين وتحسين جودة الخدمات العامة لتلبية حاجياتهم بكل فعالية. لكن هذا المبتغى يبقى مشروطا بمدى استعداد السلطة التنفيذية للمساءلة.

في هذا الصدد، لابد من القول إن هنالك حاجة ماسة لتفعيل المساءلة الاجتماعية في المسارات القانونية التي تؤكد على النهج التشاركي للسلطات المحلية. في السياق نفسه، قدمت منظمات المجتمع المدني عدة توصيات قد تملأ هذه الفجوة، وذلك من قبيل: الميزانية التشاركية ومواقع إلكترونية تُعنى بالشفافية وتكريس حيز زمني مهم لتتبع أداء الحكومات المحلية وإعطاء الحق في التصويت من أجل تكريس مبدإ تداول المسؤولية على المستوى المحلي.

صحيح أن الأردن كانت أول دولة عربية تعتمد قانون الحق في المعلومة، لكن القانون الحالي لم يقم بتيسير عملية المساءلة الاجتماعية على المستوى المحلي، و ربما يحتاج إلى تعديل.

ترسيخ الديمقراطية

تشهد الديمقراطية في الأردن، حاليا، خللا كبيرا من حيث التطبيق. فالتصور العام السائد حول نواب البرلمان هو أنهم مقدمو خدمات وليسوا مشرِّعين. ويعزى هذا الأمر إلى حد كبير إلى غياب دور السلطات المحلية التي من المفروض أن تعطي القدوة في تقديم الخدمات المحلية. وبناء عليه، فإن الهيكلة القادمة ستسعى إلى الرفع من الوعي المجتمعي حول دور البرلمانيين، وبالتالي تحسين الأداء البرلماني لا من حيث التشريع ولا من حيث الرقابة.

ما العمل الآن؟

قد يكون الأردن البلد العربي الوحيد الذي انتهج سبيل الديمقراطية المحلية في بيئة آمنة ومستقرة. ولكن هل يتوفر هذا البلد على الإمكانات المالية والتقنية للمضي قدما في تطوير المقاربة التشاركية المنشودة في ظل واقع موسوم بمديونية عامة مرتفعة تقارب 75 في المائة من إجمالي الناتج المحلي وبقصور كبير في عدد الخبراء المحليين المؤهلين؟.

أمام وضع عام مثل هذا، تبقى الحاجة ماسة إلى موقف دولي لتوفير المتطلبات المالية والتقنية لتحقيق مسلسل اللامركزية. وهذا لا ينطبق فقط على استراتيجيات التشريع والتنفيذ، بل حتى على منظمات المجتمع المدني لتحسين وعي المجتمع وتمكين القيادات النسائية من خلق بيئة تراعي الفوارق بين الجنسين وتشجع المرأة على المشاركة في تدبير الشأن المحلي.

قرغيزستان

عدد السكان: 5.607.200
المرتبة التي تحتلها في سلم التنمية البشرية: 125/187
مؤشر التنمية البشرية: 0.622

أصبحت الحكومات المحلية في قرغيستان أكثر استقلالية منذ انتخابات 2012، لكنها تفتقر إلى الفعالية والمهنية في الأداء (فريدم هاوس، 2014).

لمحة عن نظام الحكامة المحلية

تنقسم قرغيستان إلى 7 أقاليم تسمى (أوبلاستس) ومدينتين (أوش) ومدن ذات أهمية وطنية تسمى بشكيك، بالاضافة إلى 40 مقاطعة (رايون) و23 مدينة و459 جماعة محلية (أييل أوخموتيس). (مركز تدريب المنظمات غير الحكومية الدولية والبحث (م.ت.م.ح.د.ب)، 2011).

- تشكل كل من الجهة والمقاطعة جزءا من الإدارة المحلية للولاية ويخضعان في تسييرهما إلى الحاكم، كما أنهما يتلقيان الأوامر التنفيذية من المسؤولين بالمستوى الوطني وكل إدارة لها هيئة تمثيلية وتنفيذية مما يجعلها محط مساءلة وتدقيق أمام المواطنين (م.ت.م.ح.د.ب، 2011).
- لا تتوفر قرغيستان محليا على حصص تشريعية خاصة بعدد مقاعد كل جنس (نظام الكوتا، 2014)

فعاليات المجتمع المدني

- يهدف التحالف من أجل الديمقراطية والمجتمع المدني أو "التحالف" إلى تعزيز الديمقراطية وتحسين الشفافية وربط المسؤولية بالمحاسبة بالنسبة للأجهزة الحكومية. كما يتعرض هذا التحالف لقضايا اجتماعية أخرى من خلال التربية على المواطنة وتنظيم اجتماعات وعقد مؤتمرات بواسطة الفيديو (التحالف، 2014).
- تسعى جمعية Taza Shailoo إلى إجراء استفتاءات وانتخابات حرة ونزيهة وشفافة (Taza Shailoo، ب.ت).

مؤسسات بناء القدرات

- تأسست جمعية بلديات جمهورية قرغيستان (ج.ب.ج.ق) سنة 2006 لتقوية التعاون بين البلديات والحكومات المحلية (ج.ب.ج.ق، 2012).
- توفر جامعة آسيا الوسطى (ج.آ.و) تكوين القدرات لأولئك الراغبين في تقديم الخدمة المدنية للنهوض بالحكم الذاتي المحلي، أو LSC (ج.آ.و، 2014).

الرقابة الجبائية

- يحق للسلطات المحلية تحصيل الضرائب المحلية، غير أن الحكومات الإقليمية في قرغيستان لديها هامش ضيق من الحرية للتفاوض حول أسعار فوائد الضرائب المشتركة مع الحكومة المركزية (Moldogaziev، 2012).
- يتم إرجاع العائدات المحلية المحددة إلى المنطقة التي تم تحصيل الضرائب منها وتقوم صناديق وطنية أخرى بتحويلات مالية للهيئات التابعة للحكومة باعتماد صيغة شفافة (Moldogaziev، 2012).

مبادرات رائدة للحكامة المحلية التشاركية

- في سنة 1999، أصبحت عدة مناطق تستخلص ضرائبها ورسومها بشكل خاص دون أن تكون محط مساءلة أمام الحكومة الوطنية (Modogaziev، 2012).
- في أواخر تسعينيات القرن الماضي، كان أكبر إنجاز لنظام اللامركزية هو الانتقال السلس للأصول التي تعود ملكيتها للدولة إلى البلديات القروية (فريدم هاوس، 2012).
- تمت المصادقة على قانوني "الحكم الذاتي المحلي" و"الإدارة المحلية للدولة" سنة 2001. وينظم هذان القانونان أنشطة الأجهزة التابعة لسلطة الدولة المحلية والحكم الذاتي المحلي (المدن المتحدة والحكومات المحلية (م.م.ح.م)، 2008).
- الغرض من تأسيس قانون الحكامة المحلية لسنة 2008 هو ضمان توفر المسؤولين المحليين على الموارد المالية والسياسية لتلبية احتياجات السكان (فريدم هاوس، 2012).
- في سنة 2011، تم إعداد قانون الحكومات المحلية الذاتية لإعادة النظر في مسألة تحديد المهام والمسؤوليات (م.ت.م.ح.د.ب، 2011).

تحديات الحكامة المحلية التشاركية

- رغم أن قرغيزستان حققت أهدافها المتعلقة باللامركزية رسميا، إلا أن معظم المسؤولين الحكوميين يفتقرون للمهنية والخبرة اللازمتين للتسيير في ظل التشريعات الجديدة مما يجعلهم موضع انتقاد بسبب عدم كفاءتهم (فريدم هاوس، 2014).
- يفتقر ممثلو الأحزاب السياسية المحلية إلى التجربة في إدارة المرافق العمومية ويشتكون من البيروقراطية. أما الحكومة المحلية فتعوزها القدرة المالية لتنفيذ سياساتها، وبالتالي الاستجابة لتطلعات مواطنيها (فريدم هاوس، 2014).
- غياب تحديد واضح للمهام والصلاحيات بين أجهزة الدولة وأجهزة LSG يؤثر سلبا على اختصاصات مختلف المصالح التي تقدم خدماتها للساكنة المحلية (م.ت.م.ح.د.ب، 2011).

قائمة المراجع:

جمعية البلديات (AMKP)، 2012: http://www.citykr.kg/en/celi_i_zadachi.php.
جمعية "Taza Shailoo"، ب.ت: http://www.tazashailoo.kg/en/home.
التحالف من أجل الديمقراطية والمجتمع المدني (التحالف)، 2014:
www.linkedin.com/company/coalition-for-democracy-and-civil-society?trk=top_nav_home
فريدم هاوس، 2012: "قرغيزستان".
فريدم هاوس، 2014: "قرغيزستان".
مركز تدريب المنظمات غير الحكومية الدولية والبحث (م.ت.م.ح.د.ب)، 2011: "اللامركزية في قرغيزستان".
Moldogaziev, T، 2012، مجلة الأعمال والاقتصاد الأوروبية الآسيوية: "اللامركزية الجبائية واستقرار الإيرادات في جمهورية قرغيستان، 1993-2010".
مشروع الكوتا، 2014: "قرغيستان".
المدن المتحدة والحكومات المحلية (م.م.ح.م)، 2008: "ملامح قطرية للمدن المتحدة والحكومات المحلية لآسيا الوسطى".
جامعة آسيا الوسطى (ج.آ.و)، 2014: http://www.ucentralasia.org/news.asp?Nid=659

لبنان

عدد السكان: 4.424.888
المرتبة التي تحتلها في سلم التنمية البشرية: 72/187
مؤشر التنمية البشرية: 0.745

تم إدراج فكرة اللامركزية سنة 1989 خلال اتفاق الطائف ولم تُترجم هذه الفكرة على أرض الواقع إلا عند صياغة مشروع قانون يهم اللامركزية في سنة 2014.

لمحة عن نظام الحكامة المحلية

- ينقسم لبنان إلى ست محافظات تنقسم بدورها إلى أقضية ومدن ثم قرى. وتعتبر البلديات، وهي هيئات إدارية أصغر من الأقضية، الشكل الوحيد للامركزية الإدارية (المدن المتحدة والحكومات المحلية (م.م.ح.م)، 2009).
- يقوم المجلس البلدي المُنتخب من قبل البلدية بانتخاب عميد. وتقوم المدن والقرى بانتخاب ما يسمى المختار (زعيم) ومجلس الشيوخ (م.م.ح.م)، 2009، موسوعة بريطانيكا، 2014).
- تشرف كل من وزارة الداخلية والبلديات على مراقبة البلديات والقرى التي لا تنتمي لأي بلدية (م.م.ح.م، 2009).
- ليست هناك أية حصص تشريعية محلية خاصة بعدد مقاعد النساء (نظام الكوتا، 2009).

فعاليات المجتمع المدني

- يقوم المركز اللبناني للدراسات السياسية (م.ل.د.س) بالرفع من الشفافية وربط المسؤولية بالمحاسبة وإجراء البحوث وتنظيم دورات تكوينية، فضلا عن تركيزه على إصلاح القضاء وإعداد الميزانيات بطريقة شفافة وبحث سبل ترسيخ نظامي اللامركزية والحكامة المحلية (م.ل.د.س، 2014)
- تشجع المؤسسة اللبنانية للسلم الأهلي الدائم (م.ل.س.أ.د) مشاركة المواطنين وتقوي دور الحكومة المحلية عبر بذل الجهد لتأهيل البلديات اللبنانية (م.ل.س.أ.د، 2005).

مؤسسات بناء القدرات

- يسعى برنامج إنشاء تحالفات لتطوير وتنمية الاستثمار المحلي وتشجيعه، وهو برنامج تابع للوكالة الأمريكية للتنمية الدولية، إلى تشجيع البلديات بالتعاون مع المنظمات غير الحكومية ومنظمات المجتمع المدني وأعضاء المجالس. ويقدم هذا البرنامج كل سنة مشاريع مجتمعية جيّدة الإعداد ومُحكَمة التصميم للنظر في إمكانية حصولها على التمويل (الوكالة الأمريكية للتنمية الدولية (و.أ.ت.د) 2014).

الرقابة الجبائية

- تُحصّل البلديات الضرائب التالية فقط: "عائدات الإيجار ورخص البناء وضريبة صيانة الأنابيب ورسوم استغلال الأراضي العامة للبلدية ورسوم الإعلانات السينمائية وواجبات ذبح الماشية ورسوم قاعات المؤتمرات إلى جانب ضرائب أخرى مفروضة على مزاولة بعض أنواع التجارة. ويشكل مجموع هذه الضرائب المباشرة 30 في المائة من ميزانية البلديات (م.م.ح.م، 2009).
- حسب قانون البلديات لسنة 1979، يجب على الحكومة المركزية جمع بعض الضرائب نيابة عن البلديات وتحويل البعض منها مباشرة لهذه الأخيرة وللصندوق البلدي المستقل. لم تشرع الحكومة المركزية في التحويلات المالية إلا بعد سنة 1997 (م.م.ح.م، 2009).

مبادرات رائدة للحكامة المحلية التشاركية

- في سنة 1998، تم إعادة إجراء الانتخابات مما أعطى دفعة لتطبيق نظام اللامركزية (LCPS، 2012).
- نجم عن تشكيل اتحادات البلديات عبر ربوع البلد بروز فعاليات مهمة تدعم مسلسل اللامركزية (LCPS، 2012).
- أميط اللثام في أبريل من سنة 2014 عن أول قانون من شأنه تكريس لامركزية الإدارة من خلال تفويض صلاحيات أكبر للبلديات وتوسيع المجال الحقوقي واستقلالية مالية أكبر وتطبيق صارم للمساءلة. بيد أن بعض القطاعات مثل الصحة والنقل ظلت من اختصاصات الحكومة المركزية (الزاوية، 2014).

تحديات الحكامة المحلية التشاركية

- يبقى الخطر في مجتمع مثل لبنان الذي تتفشى فيه المحسوبية هو أن تنزلق اللامركزية عن مسارها عوض استئصال لوثة الفساد (O"Sullivan، 2014).
- لترسيخ نظام اللامركزية، ينبغي تأهيل عدد كاف من موظفي البلديات حتى يتسنى لهم القيام بمهامهم وواجباتهم الجديدة على أحسن وجه (O"Sullivan، 2014).
- يفتقر نظام الصندوق البلدي المستقل إلى الشفافية بسبب وجود ثغرة على مستوى التنفيذ، وهو الأمر الذي يغذي الفساد ويشجع على التوزيع غير العادل للثروات. ونتيجة لذلك، فإن البلديات المحلية غالبا ما لا تستلم المبلغ الإجمالي المخصص لها في الميزانية (مركز المشروعات الدولية الخاصة، 2014).

قائمة المراجع:

مركز المشروعات الدولية الخاصة (م.م.د.خ)، 2014، ناكاغاري، إم: "هل يمكن لنظام اللامركزية إخراج لبنان من عنق الزجاجة؟"
موسوعة بريطانيكا، 2014: "الحكومة المحلية اللبنانية".
المركز اللبناني للدراسات السياسية (م.ل.د.س)، 2014: http://www.lcps-lebanon.org/about.php
المؤسسة اللبنانية للسلم الأهلي الدائم (م.ل.س.أ.د)، 2005: http://www.kleudge.com/flpcp/projets_en.asp
O"Sullivan، دي، 2014، Executive Magazine: "اللامركزية - أحسن طريقة لمحاربة الفساد؟".
مشروع الكوتا، 2009: "لبنان".
المدن المتحدة والحكومات المحلية (م.م.ح.م)، 2009: "ملامح قطرية للمدن المتحدة والحكومات المحلية للجمهورية لبنان".
الوكالة الأمريكية للتنمية الدولية، 2014: http://baladi-lebanon.org/.
الزاوية، 2014: "أطلق سليمان مشروع القانون الذي طال انتظاره لتطبيق اللامركزية في الحكم".

مشروع القانون حول اللامركزية في لبنان يتطلع إلى خدمة التنمية

سامي عطا الله، المركز اللبناني للدراسات السياسية

بالرغم من أن النظام السياسي في لبنان نجح في المحافظة على استقراره على خلفية مناخ إقليمي سياسي كارثي (غزة المدمرة، سوريا المحطمة والعراق الموجود على حافة الانهيار)، إلا أن البلاد تواجه، اليوم، على الأقل نوعين من الصعوبات. الأول ذو طبيعة سوسيو- اقتصادية، ويتعلق بالعطالة المرتفعة بين الشباب والنقص الحاصل في البنية التحتية والخدمات العمومية، وهو الوضع الذي زاد من تأزيمه أزيد من مليون لاجئ سوري يتدفقون حاليا على لبنان. النوع الثاني من الصعوبات يتجلى في غياب حكومة مركزية فعالة قادرة على رفع هذه التحديات وتجاوزها. وفي ظل الانسداد السياسي المتواصل الذي يحول دون تشكيل حكومة ويعوق انتخاب رئيس للدولة وبرلمان، تبقى الحاجة ماسة إلى اعتماد اللامركزية وتفويض تدبير الخدمات العمومية إلى مسؤولي المستويات السفلى حتى لا يظل المواطنون رهائن محبوسين في النفق السياسي الذي تشهده البلاد.

إنه السياق، إذن، الذي أطلق فيه الرئيس الأسبق ميشيل سليمان القانون الجديد حول اللامركزية أسابيع قليلة فقط قبل نهاية ولايته الرئاسية. مشروع القانون هذا، الذي أسهمت فيه، كان ثمرة عمل من إنجاز لجنة تم تعيينها من قبل حكومة السيد زياد بارود، المحامي المعروف والمناضل في أوساط منظمات المجتمع المدني، والمدافع الكبير على اللامركزية، والذي سبق أن تقلد مسؤولية وزارة الداخلية والبلديات. اللجنة ضمت، أيضا، موظفين سابقين وآخرين مازالوا يزاولون مهامهم ومستشارين وخبراء مستقلين.

باختصار، نص مشروع القانون على نقل رئاسة الأقضية من وضع التعيين إلى وضع الانتخاب، لتصبح الأقضية هيئات منتخبة. لم يكن هذا الإجراء بالأمر الهين أو السهل، بل كان صعبا اعتبارا لأن الأقضية كانت تشكل جزء لا يتجزأ من الإطار الإداري للبنان ولها تاريخ طويل في مجال تمثيل سلطة الحكومة المركزية.

القانون منح لهاته الهيئات مسؤوليات واسعة لتضطلع بمهمات تنموية كبيرة وضمن لها موارد مالية من خلال ما خوله لها من حق في جمع الضرائب، فضلا عن بقية أنظمة التحويلات المناسبة. ورغم أن هذا الإجراء كان جزء من برنامج الرئيس أثناء انتخابه رئيسا للدولة اللبنانية في شهر مايو من العام 2008، فإن اللامركزية شكلت، منذ العام 1993، قضية أخذت بها منظمات المجتمع المدني ونادت باعتمادها في السياسات الوطنية.

أمام عجز الحكومة الوطنية في لبنان على تنظيم انتخابات بلدية، فإن هذه المنظمات هي من أمسكت بالمشعل من أجل الدفاع عن قضية اللامركزية هاته. وقد كانت منظمتي، "المركز اللبناني للدراسات السياسية"، أول منظمة تهتم بالموضوع من خلال سبقها إلى تنظيم سلسلة من الورشات التي التأم فيها جامعيون ومثقفون وصحافيون ومناضلون من المجتمع المدني.

في العام 1997، صادق البرلمان على مشروع قانون الوزير الأول الذي يقضي بتمديد ولاية المجالس البلدية في البلاد وهي الانتخابات التي يعود تاريخ تنظيمها لأول مرة في البلد إلى العام 1963. في هذا الصدد، كانت "الجمعية اللبنانية من أجل ديمقراطية الانتخابات"، التي كان لمركزنا دور كبير في تأسيسها، أول من ساند الحكومة في مسلسل تنظيم الانتخابات البلدية من خلال المساعدة في تشكيل حركة وطنية للإنتخابات المحلية تحت شعار:" بلدي، مدينتي، بلديتي".

وبعد 13 شهرا من العمل، استطاعت الجمعية أن تعبئ أكثر من 100 جمعية أخرى وعددا من ممثلي الأحزاب السياسية والمناضلين والمتطوعين من أجل الحصول على أكثر من 000 60 توقيع. كما استطاعت الحملة أن تعبئ وسائل الإعلام في لبنان والعديد من أعضاء البرلمان لتتمكن الحكومة، في 14 يونيو/ حزيران 1998، من تنظيم انتخابات بلدية في 600 من أصل 708 بلديات (بقية البلديات التي لم تجر فيها الانتخابات كانت خاضعة للاحتلال الإسرائيلي). واستطاع أكثر من 1,2 مليون ناخب لبناني أن يحصلوا على بطائقهم الانتخابية ليمارسوا حق التصويت الذي يخوله لهم الدستور مع 000 10 عضو من المجالس البلدية الذين التحقوا بالطبقة السياسية. وبعد النجاح الذي لقيته هذه المبادرة، صارت الانتخابات البلدية تُنظم بانتظام في لبنان كل ست سنوات.

لم يتوقف عمل المركز اللبناني للدراسات السياسية ولا عمل منظمات المجتمع المدني مع انتهاء الحملة من أجل الانتخابات البلدية، بل واصل عمله على طريق تقييم الأداء البلدي وتشخيص العقبات والصعوبات ومشاكل التحويلات المالية إلى البلديات. وقد بينت الدراسات التي أنجزها المركز أهمية المسؤولية الاجتماعية في الأداء السليم للخدمات العمومية وضرورة صياغة معايير شفافة للتدبير البلدي كما هو منصوص عليه في مشروع القانون، الذي ينص، فضلا عما سبق، على اعتماد نظام لتخصيص حصص للنساء على مستوى مجلس الأقضية وعلى مستوى السلطة التنفيذية. ينص مشروع القانون، أيضا، على مشاركة الشباب في التدبير الإداري الجهوي وعلى الشفافية في التسيير وعلى أن يقوم كل قضاء، بشكل منتظم، بجمع المعطيات المرتبطة بأدائه التدبيري وتحليلها ونشرها، فضلا عن نشر نتائج الافتحاص والقرارات ذات الطابع العمومي. مشروع القانون يخول، كذلك، للمواطنين حق الاطلاع على قرارات السلطة التنفيذية لتسهيل ممارسة المراقبة الفعالة على عمل الأقضية نفسها.

ليبيريا

عدد السكان: 4.190.435
المرتبة التي تحتلها في سلم التنمية البشرية: 174/187
مؤشر التنمية البشرية: 0.388

اعتمدت ليبيريا في سنة 2010 سياسة وطنية حول اللامركزية والحكامة المحلية (س.و.ل.ح.م)، وهي أول سياسة لامركزية جادّة بعد عدة محاولات باءت بالفشل في الماضي (هيئة البحوث وتبادل الخبرات (ه.ب.ت.خ)، 2014).

لمحة عن نظام الحكامة المحلية

- تنقسم دولة ليبيريا الموحدة إلى 15 محافظة وتنقسم المحافظات بدورها إلى 68 مقاطعة التي تنقسم هي الأخرى إلى قبائل ثم عشائر ثم بلدات فقرى (رؤى حول التغيير الذي طرأ على ليبيريا (ر.ت.ط.ل)، 2013).
- يعين الرئيس رؤساء المحافظات وعمداء المدن ومفوضي البلدات (ر.ت.ط.ل، 2013).
- تراقب وزارة الشؤون الداخلية (و.ش.د) الليبيرية سير الإدارات المحلية (و.ش.د، 2014).
- ليست هناك أية حصص محلية مخصصة لعدد مقاعد النساء في ليبيريا (نظام الكوتا، 2013).

فعاليات المجتمع المدني

- تسعى منظمة شراكة الشباب من أجل السلم والتنمية (ش.ش.س.ت) إلى تقوية مشاركة الشباب عبر إرساء دعائم الديمقراطية والنهوض بالتنمية في ليبيريا (ش.ش.س.ت، 2012).
- تقوم حركة الشباب الوطنية لانتخابات شفافة بتمكين المواطنين الليبيريين لاسيما فئة الشباب القادة للدعوة إلى التغيير الإيجابي على المستويات المحلية (حركة الشباب الوطنية لانتخابات شفافة، ب.ت).

مؤسسات بناء القدرات

- تضع لجنة الحكامة (ل.ح) سياسة نظام اللامركزية والحكامة المحلية في ليبيريا من خلال إجراء أبحاث واستشارة المواطنين حول القضايا المتعلقة بالحكامة والخروج بتوصيات، بالإضافة إلى القيام بإصلاحات مؤسساتية لتحسين جودة الخدمات العامة على جميع مستويات الحكومة (ل.ح، ب.ت).
- يقوم المعهد الليبيري للإدارة العامة (م.ل.إ.ع) بتكوين المسؤولين العموميين حول وظائف الحكومة لتحسين الحكامة الديمقراطية وتأهيل القدرات التدبيرية للمسؤولين في جميع القطاعات ومستويات الحكومة (م.ل.إ.ع، ب.ت).

الرقابة الجبائية

- تضطلع السياسة الوطنية للامركزية والحكامة المحلية بصلاحية تقاسم الجبايات على نطاق واسع إذ تستحوذ على الوعاء الضريبي وتتحكم في السياسات. وتحدد التشريعات الليبيرية الوعاء الضريبي لكل محافظة كما تحدد أنواع الضرائب والنّسب والرسوم والغرامات التي تجمعها الحكومات المحلية (ه.ب.ت.خ، 2010).
- يتم تنفيذ الجزء الأكبر من مسؤوليات تدبير نفقات سلطات المحافظات من قبل وكالات الحكومة المركزية في غياب سلطة تقديرية مستقلة عن المخصّصات أو الاعتمادات (صندوق النقد الدولي، 2012).

مبادرات رائدة للحكامة المحلية التشاركية

- أطلقت مبادرة اللامركزية والتنمية المحلية في سنة 2007 لدعم مسلسل اللامركزية ومساعدة الحكومات المحلية على الوصول إلى صناديق التنمية (صندوق الأمم المتحدة لتنمية رأس المال، 2013).
- تهدف السياسة الوطنية حول اللامركزية والحكامة المحلية التي صادقت عليها الحكومة سنة 2011 إلى تعزيز اللامركزية ونقل السلطة السياسية والجبائية والإدارية إلى الحكومات المحلية. وستنجم عن هذه الإصلاحات الجارية لنظام الحكامة تكوين حكومة تتميز بنظام لامركزي (IBIS، 2012).
- قامت وزارة المالية سنة 2014 بإعداد خطة للنهوض بلامركزية نظام الجبايات إلى جانب بناء القدرات (AllAfrica، 2014).
- من المتوقع أن يؤدي اعتماد تعديل دستوري جديد بحلول سنة 2015 إلى سن قانون الحكومة المحلية الذي يأمل منه الكثيرون تعزيز اللامركزية وترسيخ مبادئ الحكامة المحلية التشاركية (مركز ديوك للتنمية الدولية، 2014).

تحديات الحكامة المحلية التشاركية

- لم تنظم ليبيريا أي انتخابات محلية منذ نهاية الحرب الأهلية لسنة 2003، فقد تم إلغاء الانتخابات التي كانت مبرمجة لسنة 2008 بسبب شح الموارد المالية (فريدم هاوس، 2011).
- تشكو الحكومات المحلية من مؤسسات غير مؤهلة وموظفين غير أكفاء وبنية معقدة للإدارة المحلية. هذا إلى جانب غياب نظام واضح ونزيه وشفاف للتحويلات المالية (المدن المتحدة والحكومات المحلية، إفريقيا وتواحد المدن، 2013).

قائمة المراجع:

AllAfrica، 2014: "إشراف وزارة المالية الليبيرية على مخطط اللامركزية الجبائية".
مركز ديوك للتنمية الدولية (م.د.ل.د)، 2014: "تكوين المسؤولين الليبيريين في اللامركزية الجبائية".
فريدم هاوس، 2011: "ليبيريا".
لجنة الحكامة (ل.ح)، ب.ت: www.goodgovernance.org.lr/overview.html.
IBIS، 2012: "استراتيجية البدل لIBIS في ليبيريا 2012- 2016".
صندوق النقد الدولي، 2012: "تقرير تقييمي للنفقات العمومية لليبيريا والمساءلة المالية".
هيئة البحوث وتبادل الخبرات (ه.ب.ت.خ)، 2010: "سياسة اللامركزية الوطنية والحكامة المحلية".
المعهد الليبيري للإدارة العامة (م.ل.إ.ع)، ب.ت: www.lipa.gov.lr/public/.
حركة الشباب الوطنية لانتخابات شفافة، ب.ت: www.naymote.com/what-we-do/.
مشروع الكوتا، 2013: "ليبيريا".
وزارة الشؤون الداخلية للجمهورية الليبيرية، 2014: "برنامج الأمانة العامة حول نظام اللامركزية في ليبيريا".
صندوق الأمم المتحدة لتنمية رأس المال، 2013: "التقرير النهائي حول برنامج اللامركزية والتنمية المحلية في ليبيريا".
المدن المتحدة والحكومات المحلية بإفريقيا والمدن المتحالفة، 2013: "تقييم للبيئة المؤسسية للحكومات المحلية في إفريقيا".
رؤى حول التغيير الذي طرأ على ليبيريا (ر.ت.ط.ل)، 201: "السياسات".
شراكة الشباب من أجل السلم والتنمية (ش.ش.س.ت)، 2012: www.yppdliberia.wordpress.com.

مالاوي

عدد السكان: 16.362.567
المرتبة التي تحتلها في سلم التنمية البشرية: 170
مؤشر التنمية البشرية: 0.418

تم تنظيم أول انتخابات محلية متعددة الأحزاب في سنة 2000 إلا أن الانتخابات الموالية تأجلت إلى مايو من سنة 2014 (منتدى الحكم المحلي التابع للكومنولث، م.ح.م.ك)، 2013، فريدم هاوس، 2014).

لمحة عن نظام الحكامة المحلية

- تتشكل الحكومة المحلية من 4 مدن و 28 مجلس مقاطعة ومجلسين بلديين ومجلس واحد للمدينة. وتوجد 35 سلطة محلية في مستوى واحد (م.ح.م.ك، 2013).
- يمثل كل مستشار دائرة انتخابية واحدة وتمتد ولايته الانتخابية لمدة خمس سنوات (م.ح.م.ك، 2013).
- تراقب وزارة الحكومات المحلية والتنمية الاجتماعية عمل إدارة الحكومات المحلية (م.ح.م.ك، 2013).
- ليست هناك أية حصص محلية خاصة بعدد مقاعد النساء (نظام الكوتا، 2013).

فعاليات المجتمع البلدي

- تهدف شبكة الشباب والإرشاد (ش.ش.إ) إلى تمكين الشباب والمرأة والأطفال بغية النهوض بثقافة حقوق الانسان والديمقراطية عبر تقديم الإرشاد والتربية على المواطنة وتحسين خدمات الشبكات.
- تسعى SOS الديمقراطية إلى تعزيز الديمقراطية من خلال تلقين المواطنين مبادئ الديمقراطية وتحسين مشاركة الناخبين والرفع من الشفافية وضمان حرية الاختيار للناخب (SOS الديمقراطية، ب.ت).

مؤسسات بناء القدرات

- تقوم اللجنة الوطنية المالية للحكومات المحلية (ل.و.م.ح.م) بتعزيز نظام اللامركزية الجبائية من خلال ضمان التمويل للسلطات المحلية لتنفيذ المشاريع الضرورية (Chiweza، 2010).
- تهدف الجمعية المالاوية للحكومة المحلية (ج.م.ح.م) إلى تحقيق مصالح الشعب نيابة عن الحكومات المحلية (ج.م.ح.م، ب.ت).

الرقابة الجبائية

- تستخلص المجالس الضرائب المحلية في حين أن معظم إيراداتها تأتي من الحكومة المركزية (م.ح.م.ك، 2013).
- ينص الدستور على تحويل نسبة 5 في المائة من صافي إيرادات الحكومة المركزية إلى الحكومات المحلية (م.ح.م.ك، 2013).
- أنشئت اللجنة الوطنية المالية للحكومات المحلية (ل.و.م.ح.م) سنة 2001 وتُعنى بمراقبة العلاقة المالية بين الحكومة المركزية ونظيرتها المحلية (Chiweza، 2010).

مبادرات رائدة للحكامة المحلية التشاركية

- تم تأسيس الصندوق المالاوي للأعمال الاجتماعية (ص.م.أ.ا) سنة 1996 من أجل ارساء مبادئ حكامة رشيدة وفعّالة وإعادة هيكلة المسؤولية الجبائية للتركيز بشكل أكبر على الحكومات المحلية (البنك الدولي، 2010).
- وضع قانون الحكومات المحلية لسنة 1998 الإطار العام للامركزية وأسس للمجالس المحلية (م.ح.م.ك، 2013).
- تمت المصادقة في سنة 1998 على سياسة جديدة للامركزية الوطنية تسعى إلى نقل سلط واختصاصات الحكامة والتنمية إلى الحكومات المحلية المنتخبة وفقا لما جاء في الدستور (شبكة الأمم المتحدة للإدارة العامة، ب.ت).
- في سنة 2008 تم اعتماد سياسة لامركزية وطنية ثانية تهدف بدورها إلى وضع إطار متماسك وتنسيق دعم المانحين من أجل تحقيق مسلسل اللامركزية (Chiweza، 2010).

تحديات الحكامة المحلية التشاركية

- تم تأجيل الانتخابات المحلية إلى سنة 2014، ونجم عن تعليق عمل المجالس المحلية عودة السلطات السياسية إلى نظام المركزية (O'Neil و Cammack وأخرون، 2014).
- هناك تقصير فيما يخص المساءلة: فعمل السلطات المحلية يشوبه اختلال وظيفي والخدمات المقدمة لا ترقى إلى التطلعات والنخبة السياسية تتعايش مع الفساد (O'Neil و Cammack وأخرون، 2014).
- يتم تعيين موظفي مختلف القطاعات المحلية من قبل الوزارات، ومن تم فهم مسؤولون أمام الحكومة المركزية (O'Neil و Cammack وأخرون، 2014).
- تعرف صناديق التنمية المحلية بعض التأخر كما تشكو المجالس من ضعف قدرات موظفيها وانعدام المتابعة فيما يخص المشاريع مما يعيق تنفيذ مسلسل التنمية (البنك الدولي، 2010).

قائمة المراجع:

Chiweza، A، 2010: "تقرير حول مسلسل اللامركزية في مالاوي: عِبر من محافظات مختارة".
منتدى الحكم المحلي التابع للكومنولث (م.ح.م.ك)، 2013: "المالاوي".
فريدم هاوس، 2014: "المالاوي ".
جمعية المالاوي للحكومة المحلية (ج.م.ح.م)، ب.ت: http://www.malgamw.org/.
O'Neil و Cammack وأخرون، 2014: "الحكامة المتجزئة والخدمات المحلية في مالاوي".
O'Neil، T، 2014، Open Democracy: "هل ستحسّن الحكومة الجديدة والمجالس المحلية من جودة الخدمات في مالاوي؟"
مشروع الكوتا، 2014: "مالاوي".
شبكة الأمم المتحدة للإدارة العامة، ب.ت: "مسلسل اللامركزية في مالاوي".
البنك الدولي، 2010: "مذكرات التنمية الاجتماعية: مطالب الحكامة الرشيدة".
شبكة الشباب والإرشاد (ش.ش.إ)، 2014: http://www.yoneco.org/site/.

عودة المستشارين: آفاق وتحديات الحكامة المحلية والتنمية المحلية في مالاوي

د. أوغوستن ماغولوواندو، المعهد الهولندي للديمقراطية المتعددة

(مقتطف من مقال يمكن الاطلاع عليه على الموقع: localdemocracy.net)

شكلت الانتخابات التي جرت بمالاوي، في العام 2014، مناسبة فريدة للبلاد للتفكير في الماضي ومحاولة التطلع إلى بناء المستقبل الديمقراطي في البلاد. وقد تزامنت الانتخابات مع الذكرى الخمسين لاستقلال البلاد، كما أنها دشنت عودة مستشاري المقاطعات المنتخبين (كان من المفروض أن تجري الانتخابات المحلية في العام 2005، إلا أنها تأجلت عدة مرات).

لقد صيغ الإطار السياسي للامركزية في مالاوي ليمنح السلطة للشعب من خلال ممثليه المنتخبين المعروفين بالمستشارين، إلا أن غياب هؤلاء في نظام الحكم المحلي قاد المسؤولين التقليديين والسياسيين والموظفين الإداريين إلى لعب دور السلطات المحلية وتحمل مسؤولياتهم بدون أن تكون لديهم الميكانيزمات التي من شأنها أن تضمن الشفافية والمحاسبة.

تعتبر الحكومات المحلية أداة أساسية لإطلاق مبادرات التنمية المحلية، لأنها تسهل المشاركة الديمقراطية على المستوى المحلي. كما يعتبر المستشارون مسؤوولين عن التدبير المحلي بموجب ما هو منصوص عليه في قانون الحكم المحلي (1998)، وأيضا عن السياسة وتشجيع الديمقراطية التشاركية المحلية في البلد. لذلك، فإعادة العمل بمفهوم المستشارين وصفتهم السياسية يرفع درجة التفاؤل لدى السكان المحليين ويمكّنهم من التعبير عن آرائهم وطرح أفكارهم أمام العموم. صحيح أن هنالك توقعات بتطوير التنمية المحلية على الأجندة السياسية في مالاوي، لكن لابد من معالجة العديد من الإشكالات المطروحة.

1) **على مستوى التمويل**: يمكن للسلطات المحلية أن تنجح في ذلك لو أنها كانت تملك الموارد الكافية. حاليا، تتلقى سلطات الحكم المحلي جزء من المداخيل المحلية، بيد أن الجزء الأكبر من المداخيل تتلقاه من الحكومة المركزية. لكن إطلاق الحكومة المركزية لمبادرات تنموية محلية من خارج البنيات الإدارية المحلية- مما لا شك فيه في إطار تكريس التأثير السياسي وتثبيت السيادة المركزية على المناطق البعيدة عن المركز- يخلق المنافسة على الأموال. لذلك، فمن المستعجل اعتماد سياسة الشفافية في توزيع الأموال وإشراك سلطات الحكم المحلي في المبادرات التي تقوم بها الحكومة المركزية.
2) **على مستوى الإرادة السياسية**: يتوقف نجاح اعتماد الحكم المحلي القوي والمنسجم بشكل أساسي على توفر الإرادة السياسية لدى الحكومة المركزية، لأن التنصيص في الدستور على ضرورة اعتماد الحكم المحلي لا يضمن، بالضرورة، أن تنكب الحكومة المركزية على إنجازه على أرض الواقع.
3) **وضوح الأدوار**: توجد ثلاثة أطراف خلافية في البلاد وهي: أعضاء البرلمان (النواب)، أطر المقاطعات ثم القادة التقليديون المحليون. القانون، الذي أتى ليعدل قانون الحكم المحلي (2010)، منح سلطات التصويت لنواب مجالس المقاطعات في مناطقهم الخاصة، وبذلك يكون قد خلق علاقات قوة غير متكافئة. فالنواب البرلمانيون يصنفون المستشارين ضمن الدائرة الصغرى ويعتبرونهم منافسين لهم. أما مسؤولو المقاطعات أو القادة الكبار (في المناطق الحضرية)، فالمفروض فيهم أن يكونوا تابعين، من حيث التراتبية الإدارية، إلى المجلس المحلي، إلا أنهم معينين من قبل الحكومة المركزية. وخلال الفترة التي تغيب فيها الانتخابات المحلية، يلعب القادة المحليون التقليديون دورا أكبر على مستوى تسيير الحكامة، وهو الواقع الذي يؤدي حاليا إلى نشوب الخلافات بين مختلف المتدخلين.
4) **الإطار القانوني**: من شأن بعض التعديلات القانونية التي أجريت مؤخرا بمالاوي أن تسيء إلى فاعلية المستشارين على مستوى الحكم المحلي. ففرض مستشارين اثنين، مثلا، في كل دائرة انتخابية، بينما الكثير من الدوائر معروفة بشساعة مساحتها الترابية وارتفاع عدد السكان فيها، (من شأن هذه التعديلات) أن تقلص القدرة على الوصول إلى كافة المواطنين وممارسة الحكم الذاتي بينهم.
5) **القدرة والأهلية**: غالبا ما يتحول المستشارون إلى مجرد متفرجين بينما ينبغي أن يكونوا فاعلين أساسيين. إنهم مطالبون بامتلاك الكفاءات الضرورية للوفاء بواجباتهم ومسؤولياتهم. فتنمية القدرات كفيل بأن يحد من امتداد الإدارة المركزية المبالغ فيه ومن شأنه أن يسد الثغرات التي تعيق ممارسة الحكامة المحلية الفعالة.
6) **اللامبالاة**: لم تستطع دولة مالاوي أن تدرك أهمية مشاركة سكانها في الحكم المحلي، فالانتخابات المحلية التي جرت في العام 2000 سجلت نسبة مشاركة ضعيفة لم تتجاوز 14 في المائة، فضلا عن أن مشاركة النساء فيها كان من الممكن أن تكون أهم مما كانت عليه. فالنساء لا يمثلن إلا 12,2 في المائة من المجالس المنتخبة و 15,6 في المائة من الأعضاء المنتخبين في البرلمان.

خاتمة: تنص المادة 147 من الدستور على أن "السلطات المحلية تتكون من مسؤولين محليين منتخبين... والانتخابات يجب أن تُنظم وتراقب من قبل اللجنة الانتخابية"، إلا أنه ورغم أن المنصوص عليه هنا هو حقيقة ملموسة في مالاوي، بيد أن إحداث بنية للحكم المحلي قوية وفعالة لن يكون أمرا سهلا ولا قابلا للتحقيق في المستقبل المنظور.

المراجع:

شيروا، وايزمان شيبيري 2013، "الديمقراطية والمشاركة السياسية في مالاوي: مبادرة AfriMAP وOpen Society لبلدان جنوب إفريقيا.

برنامج الأمم المتحدة الإنمائي (PNUD)، 1995، تقرير حول اللامركزية في مالاوي: الحكامة المحلية والتنمية. ليلينغوي: MBO/ PNUD

ماليزيا

عدد السكان: 29.239.927
المرتبة التي تحتلها في سلم التنمية البشرية: 64/187
مؤشر التنمية البشرية: 0.769

ليس لماليزيا حكومة محلية منتخبة، فهي تعتمد على مقاربة هرمية من قمة الإدارة المحلية إلى قاعدتها الشيء الذي يحد من قدرة الحكومة المحلية ويؤدي إلى وجود فجوة بين "الطلب" و"العرض" فيما يخص تقديم خدماتها. ومع ذلك فتزايد وعي المجتمع بات يشكل تحديا أمام ممارسات الإدارة المركزية (Phang، 2008).

لمحة عن نظام الحكامة المحلية

- تنقسم ماليزيا إلى 13 ولاية (التي تنقسم بدورها إلى مقاطعات) وثلاثة أقاليم فدرالية. وتخضع الولايات إلى تسيير الحكومات الفدرالية وحكومات الولايات في حين الأقاليم الفدرالية تسيرها الحكومات الفدرالية (MyGovernment، 2014).
- هناك ثلاثة أنواع من الحكومات: حكومة الولايات وحكومة فدرالية ثم حكومة محلية. كما توجد بالبلاد ثلاثة أنواع من السلطات المحلية: سلطات المدينة والبلدية ومجالس المقاطعات ومهمتها هي توفير البنيات التحتية للخدمات الأساسية. كما تضطلع سلطات المدينة والبلدية بمهمات التخطيط الحضري والصحة العمومية وكيفية التخلص من النفايات. هذا بالاضافة إلى أن مجالس المدينة لها مهمة تحصيل الضرائب وتطبيق القانون (منتدى الحكم المحلي التابع للكومنولث، م.ح.م.ك).
- تشرف وزارة الإسكان والحكومات المحلية (و.إ.ح.م) على تنفيذ ومراقبة كل القوانين المتعلقة بالحكومات المحلية. وأما وزارة الأقاليم الفدرالية والعمران فهي تراقب عمل السلطات المحلية في الأقاليم الفدرالية لكوالالمبور وبوتراجايا ولابوان (منتدى الحكم المحلي التابع للكومنولث، م.ح.م.ك).
- بموجب الفصل 15 من قانون الحكومات المحلية لسنة 1976، تم تعليق الانتخابات المحلية في جميع الولايات إلى أجل غير مسمى. تُعين حكومات الولايات المستشارين في المجالس المحلية لولاية تمتد لثلاث سنوات (منتدى الحكم المحلي التابع للكومنولث، م.ح.م.ك).
- ليست هناك أية حصص محلية خاصة بعدد مقاعد النساء (Chen، 2010).

فعاليات المجتمع المدني

- تعد جمعية Aliran Kesedaran Negara من أقدم جمعيات حقوق الإنسان التي تسعى إلى إرساء عدالة اجتماعية وإصلاحات ديمقراطية بما في ذلك تقوية الشفافية وربط المسؤولية بالمحاسبة وتشجيع مشاركة المواطنين (Aliran، 2014).
- تهدف SUARAM وهي منظمة تنشط في مجال حقوق الإنسان إلى النهوض بحقوق المواطنين السياسية والمدنية بما في ذلك حرية التعبير والتجمع السلمي والمساءلة السياسية وبناء الديمقراطية (SUARAM، 2014).

مؤسسة بناء القدرات

- يقوم المعهد الوطني للإدارة العامة (م.و.إ.ع) بتنظيم دورات تكوينية للراغبين في تقديم الخدمة المدنية في مجال المالية وإدارة الحكومة المحلية (م.و.إ.ع، 2014).

الرقابة الجبائية

- يأتي دخل السلطات المحلية أساسا من الضرائب والإيرادات غير الضريبية ومساهمات الحكومات الفدرالية وحكومة الولايات (المدن المتحدة والحكومات المحلية (م.م.ح.م)، 2006).
- تمثل عائدات الضريبة على الدخل نسبة 60 إلى 70 في المائة من إيرادات السلطات المحلية (م.ح.م.ك، 2013).
- المنح التي تقدمها الولاية للسلطات المحلية يجب أن تمر عبر وزارة الإسكان والحكومات المحلية للمصادقة عليها. ويبقى حجم هذه المنح المقدمة لبعض المجالس رهينا بمساحة الدائرة الإدارية والكثافة السكانية وقيمة الدخل المحتمل. وتخضع الحكومات المحلية لسلطة مالية مباشرة من قبل حكومة الولايات (م.م.ح.م، 2006).
- تمثل إيرادات الحكومة المحلية نسبة 1 في المائة من إجمالي الناتج المحلي. (Phang، 2008).

مبادرات رائدة للحكامة المحلية التشاركية

- ينص قانون رقم 171 لسنة 1976 على أن ينتمي مستشار الحكومات المحلية الذي ينبغي تعيينه إلى مجلس الشعب (م.م.ح.م، 2006).
- في سنة 1998، دعمت وزارة الإسكان والحكومات المحلية برنامجا وطنيا لتنفيذ برنامج محلي رقم 21 الذي يهدف إلى إشراك الشباب في عمل الحكومة المحلية (Phang، 2008).
- أطلقت الحكومة المركزية سنة 2007 برنامجا إلكترونيا يسمى e-PBTs، لتقريب الحكومة المحلية من المواطنين. ويتكون هذا البرنامج من أربعة عناصر وهي الحسابات والضرائب والكفالات والشكاوى (م.ح.م.ك، 2013).

تحديات الحكامة المحلية التشاركية

- استقلالية الحكومات المحلية وحكمها الذاتي مُقيدان بسبب الخدمات الإضافية التي فوضتها لها الحكومة المركزية مثل معالجة ارتفاع معدل الجريمة في المناطق الحضرية. هذا إلى جانب فرض الحكومة المركزية ضرائب بالغة التكلفة على الموارد المالية والبشرية التابعة للحكومة المحلية (Phang، 2008).
- لازالت الحكومة المركزية تُحكم سيطرتها على الحكومات المحلية ذات الإيرادات المحدودة والدور الثانوي. فضعف نظام اللامركزية لا يشكل عائقا أمام نظام الحكم الذاتي فقط بل أيضا يؤدي إلى قلة مشاركة المواطنين على المستوى المحلي (Phang، 2008).

قائمة المراجع:

منتدى الحكم المحلي التابع للكومنولث، (م.ح.م.ك)، 2013: "ملامح قطرية لماليزيا".
Chen، L، 2010، المجلة الأوروبية للدراسات الاقتصادية المقارنة: "هل أثر نظام الكوتا في الرفع من تمثيلية النساء وفي السياسة؟"
MyGovernment: البوابة الرسمية لحكومة ماليزيا، 2014: "التقسيمات".
المعهد الوطني للإدارة العامة، 2014: http://www.intanbk.intan.my/i-portal/.
Persatuan Aliran Kesedaran Negara، 2014: http://aliran.com/.
Phang، S، 2008، مجلة الكومنولث للحكومات المحلية: "اللامركزية أو العودة إلى المركزية؟ اتجاهات للحكومة المحلية في ماليزيا".
Suara Rakyat ماليزيا (SUARAM)، 2014: http://www.suaram.net/.
المدن المتحدة والحكومات المحلية (م.م.ح.م)، 2006: "ماليزيا"

مالي

عدد السكان: 14.853.572
المرتبة التي تحتلها في سلم التنمية البشرية: 182/187
مؤشر التنمية البشرية: 0.344

رغم أن مسلسل تطبيق نظام اللامركزية في مالي بدأ منذ فترة طويلة، إلا أنه لازال يعاني من عدة عراقيل لبلوغ هدف تعزيز مسلسل الديمقراطية وتحقيق التنمية المستدامة، التي لطالما ناضلت الفعاليات المحلية من أجل تحقيقها (صندوق النقد الدولي، 2013).

لمحة عن نظام الحكامة المحلية

- ينقسم البلد إلى 8 مناطق ومحافظة العاصمة باماكو. وتنقسم هذه المناطق ومحافظة العاصمة إلى 49 دائرة والتي تنقسم بدورها إلى 703 بلديات (مشروع انتخابي عبر الصحراء (م.ا.ع.ص)، 2014).
- تتوفر كل بلدية على مجلس بلدي يُنتخب مستشاروه من قبل مواطني البلدية لولاية انتخابية تمتد لخمس سنوات وينتخب العمدة من قبل المستشارين (م.ا.ع.ص، 2014).
- تشرف وزارة الإدارة الترابية واللامركزية والتخطيط الإقليمي على مراقبة القطاعات المحلية للحكامة.
- لا تتوفر مالي، لا محليا ولا وطنيا، على حصص تشريعية خاصة بعدد مقاعد كل جنس (نظام الكوتا، 2014).

فعاليات المجتمع المدني

- تعمل منظمة SOS للديمقراطية من أجل ضمان انتخابات نزيهة بمعدل مشاركة مرتفع (SOS الديمقراطية، 2013).
- تسعى مجموعة محور المواطنة وحقوق النساء في مالي (م.م.م.ح.ن.م) إلى تحقيق المساواة بين الجنسين وإنصاف الأسر والقطع مع ممارسة العنف ضد النساء وتأهيل المرأة وحثها على المشاركة في السلطة (م.م.م.ح.ن.م، ب.ت).
- يوفر منتدى منظمات المجتمع المدني (م.م.م.م.) أرضية للحوار وإبداء الرأي لتعزيز الديمقراطية وتحقيق التنمية المستدامة (م.م.م.م، 2011).

مؤسسات بناء القدرات

- يشتغل برنامج دعم السلطات المحلية بمبادرة من وزارة الإدارة الترابية واللامركزية والتخطيط الإقليمي لتقوية قدرات الحكومات المحلية وضمان جودة الخدمات التي تقدمها السلطات المحلية (PACT، 2013).
- تعزز جمعية بلديات مالي (ج.ب.م) نظام اللامركزية وترسخ مبادئ الديمقراطية المحلية (ج.ب.م، 2014).

الرقابة الجبائية

- تتكون ميزانية الحكومات المحلية من:
  1- الإيرادات المحلية المحصل عليها بمساعدة المصالح الضريبية.
  2- التحويلات المالية للحكومة وهي عبارة عن إعانات تضامنية لتقليص التفاوتات الإقليمية.
  3- مِنح استثمارية (...) تمنحها الوكالة الوطنية للاستثمار للحكومات المحلية (البنك الدولي، 2010).
- تعتمد تحويلات الحكومة المركزية على صيغة تم وضعها خصيصا لهذا الغرض (المدن المتحدة والحكومات المحلية لإفريقيا والمدن المتحالفة، 2013).

مبادرات رائدة للحكامة المحلية التشاركية

- وضع دستور سنة 1992 مبادئ اللامركزية، وجاء قانون سنة 1993 ليضعها في إطارها القانوني. لقد قسمت اللامركزية البلاد إلى مناطق ودوائر إدارية وبلديات وأسست مجالس منتخبة (معهد الموارد العالمية (م.م.ع) و Landesa، 2011).
- فوّض القانون الرئيسي للامركزية لسنة 1996 صلاحيات حماية الموارد الطبيعية وقطاع تدبير الأراضي إلى الحكومة المحلية (م.م.ع و Landesa، 2011).
- وقعت الحكومة الوطنية سنة 2002 مرسوما يقضي بنقل السلط المتعلقة بقطاعات الصحة والتعليم وإدارة الماء إلى السلطات المحلية (SNV و CEDELO، 2004).
- ركزت السياسة الوطنية للامركزية لسنة 2005 (2005-2014) على بناء قدرات الجماعات وفتح المجال أمام نقل عدد أكبر من الصلاحيات وتنمية قدرات المواطنين وتعزيزها والرفع من جودة خدمات القطاع الخاص على المستوى المحلي (إعلان باريس، 2011).

تحديات الحكامة المحلية التشاركية

- واجهت الحكومة المحلية عدة تحديات من أهمها:
  1- نقل الاختصاصات إلى المستوى المحلي دون وجود الموارد الكافية لتنفيذ المهام بكل فعالية.
  2- - الاعتماد على تحويلات الحكومة المركزية بسبب ضعف الموارد وقلتها.
  3- - نقص الميزانية المرصودة للامركزية.
  4- - التمثيل غير الكافي للمجتمع المدني (البنك الدولي، 2013).
- ما يعوق تنفيذ الحكم الذاتي هي الشروط التي تفرضها الحكومة المركزية على التحويلات المالية وعدم شفافية تواريخ صرفها (المدن المتحدة والحكومات المحلية لإفريقيا والمدن المتحالفة، 2013).

قائمة المراجع:

جمعية بلديات مالي (ج.ب.م)، 2014: http://www.coopdec-mali.org.
تقييم إعلان باريس (إ.ب)، 2011: " ملخص تحليلي يقيم دولة مالي".
منتدى منظمات المجتمع المدني (م.م.م.م.)، 2011: www.societecivilemali.org.
مجموعة محور المواطنة وحقوق النساء في مالي (م.م.م.ح.ن.م)، ب.ت:
http://www.jeunesse.francophonie.org/annuaire/societe-civile/groupe-pivot-droits-et-citoyennete-des-femmes-au-mali.
صندوق النقد الدولي، 2013: "ورقة استراتيجية الحد من الفقر بمالي".
مشروع الكوتا، 2014: "مالي".
SNV و CDELO ، 2004: "اللامركزية في مالي: تطبيق السياسات على أرض الواقع".
SOS للديمقراطية، 2013: http://sosdemocratiemali.org
برنامج دعم السلطات المحلية (ب.د.س.م)، 2013: http://www.pact-mali.org.
مشروع انتخابي عبر الصحراء (م.ا.ع.ص)، 2014، جامعة فليوريدا:"النظام الانتخابي في مالي".
المدن المتحدة والحكومات المحلية لإفريقيا والمدن المتحالفة، 2013: "تقييم المؤسسات البيئية التابعة للحكومات المحلية في إفريقيا".
البنك الدولي، 2010: "تقرير حول تدبير النفقات العمومية لمالي والمساءلة المالية".
البنك الدولي، 2013: التنفيذ: الوضعية والنتائج. الحكامة ومشروع تقديم المساعدة التقنية للميزانية اللامركزية (P112821).
معهد الموارد العالمية (م.م.ع) و Landesa، 2011: "تحديات اللامركزية في مالي".

جزر موريس

عدد السكان: 1.291.456
المرتبة التي تحتلها في سلم التنمية البشرية: 80/187
مؤشر التنمية البشرية: 0.737

جزر موريس هي جمهورية دستورية تمتاز هياكلها الحكومية بنظام لا مركزي تحكم من خلاله الجزر الصغيرة التابعة لها مثل جزيرة رودريغيز، وهي أكبر جزيرة لها حكومة خاصة بها. لكنها تبقى تابعة لجزر موريس (منتدى الحكم المحلي التابع للكومنولث، (م.ح.م.ك)، 2013)

لمحة عن نظام الحكامة المحلية

- تتميز جزر موريس بنظام حكم ذي ثلاثة مستويات: مركزي ومحلي وقروي. ولا يوجد نص دستوري للحكومة المحلية بخلاف ما تنص عليه الجمعية الإقليمية لرودريغيز (م.ح.م.ك، 2013).
- تتكون الحكومة المحلية في جزر موريس من مجلسين: مجلس حضري، والذي يسمى مجلس البلدية والمجلس القروي. وتكمن مهمة هذه المجالس في مراقبة عمل مجالس الدوائر التابعة لها. وتوجد حاليا بالبلاد خمسة مجالس بلدية عبر سبع مناطق جغرافية. وفي المناطق القروية يوجد نظام ذو مستويين: مستوى يتضمن سبعة مجالس خاصة بالدوائر ومستوى يضم 130 مجلسا قرويا (م.ح.م.ك، 2013).
- تشرف الوزارة المكلفة بالسلطات المحلية والجزر المحيطة على مراقبة السلطات المحلية (م.ح.م.ك، 2013).
- ينص قانون الحكومات المحلية (ق.ح.م) لسنة 2011 على تنظيم انتخابات المجالس البلدية والقروية كل ست سنوات. ويتم انتخاب مستشاري الدوائر باقتراع سري غير مباشر من قبل أعضاء المجالس القروية (م.ح.م.ك، 2013).
- يتعين على المجالس القروية عقد اجتماعات شهرية لمناقشة سير الأشغال العامة. وينتخب مستشارو المجالس القروية رئيسا بتوقيت عمل جزئي بواسطة اقتراع سري كل سنتين (م.ح.م.ك، 2013).
- نص قانون الحكومات المحلية على أنه "لا يجب أن تتألف قائمة الاحتياط للمرشحين للمناصب الشاغرة المحتملة لانتخابات مستشاري البلديات وأعضاء المجالس الحضرية والقروية من أكثر من ثلثي الأعضاء من نفس الجنس أو أن تتضمن أكثر من مرشحين من نفس الجنس على التوالي".

فعاليات المجتمع المدني

- تسعى شبكة الحلفاء للسياسة والبحوث والعمل من أجل الاستدامة (ش.ح.س.ب.ع.ا) إلى النهوض بالمعيش اليومي للطبقات الشعبية من خلال دعم مبادراتهم وتشجيع البحوث المتعلقة بالسياسة والمنشورات الأكاديمية (ش.ح.س.ب.ع.ا، 2013).
- ينضوي تحت لواء مجلس جزر موريس للأعمال الاجتماعية (م.م.أ.ا) عدة منظمات غير حكومية تسهر على الارتقاء بالتنمية الاجتماعية وتشجيع العمل التطوعي (م.م.أ.ا، 2012).

مؤسسات بناء القدرات

- تتوفر جزر موريس حاليا على جمعيتين للحكومة المحلية تكمن مهمتهما في توحيد الحكومات المحلية على عدة قضايا وهما: جمعية سلطات المناطق الحضرية و جمعية مجلس الدوائر الإدارية (م.ح.م.ك، 2013).
- تعمل وزارة الحكومات المحلية والجزر المحيطة (و.ح.م.ج.خ) من أجل تقديم الدعم المناسب للسلطات المحلية لتمكينها من إدارة شؤون مواطنيها بشكل فعال وبكل كفاءة (م.ح.م.ك، 2013).

الرقابة الجبائية

- يحق للمجالس البلدية ومجالس الدوائر الإدارية تحصيل الضرائب التالية: رسوم البناء وضرائب استغلال الأراضي والضرائب المفروضة على الأسواق والمقابر ومزاولة التجارة والنظافة والسيارات والإشهار. كما يمكن للمجالس البلدية تحصيل الإيرادات من خلال فرض أسعار فائدة على الملكية (م.ح.م.ك، 2013).
- يتم التصويت على منح المساعدة السنوية لكل السلطات المحلية في بداية كل سنة مالية كحصة من ميزانية وزارة الحكومات المحلية والجزر المحيطة (و.ح.م.ج.خ). وتُقدَّم هذه المنح على شكل أقساط لكل سلطة محلية (م.ح.م.ك، 2013).

مبادرات رائدة للحكامة المحلية التشاركية

- ينص قانون الحكومات المحلية بالتحديد على إجراء عمليات تشاور رسمية مع المجتمع المدني حول القضايا المتعلقة بالحكامة المحلية وحول إجراء انتخابات المجالس البلدية والقروية كل ست سنوات (م.ح.م.ك، 2013).
- أطلقت الحكومة بتعاون مع السلطات المحلية بوابة إلكترونية خاصة بها تُتيح للمواطنين الولوج إلى المعلومات وإرسال طلبات والقيام باستفسارات وتقديم شكايات (م.ح.م.ك، 2013).

تحديات الحكامة المحلية التشاركية

- يبقى التمثيل السياسي للمرأة وانخراطها في المجتمع ضعيفا رغم وجود نصوص قانونية تبوئها موقعها المناسب في المجتمع. ويعود السبب في ذلك إلى أن مواقف منع مشاركة المرأة في المجتمع لا تزال على حالها (Bunwaree و 2005 ،Kasenally).
- على الرغم من أن نظام المراقبة الجبائية لا مركزي نسبيا، إلا أن التقديرات المالية للسلطات المحلية تخضع للمصادقة الإجبارية من قبل وزارة الحكومات المحلية والجزر المحيطة. كما تصادق الوزارة نفسها على الإنفاق والسحب وإعادة توزيع الأموال بالإضافة إلى إلغاء الديون المعدومة (م.ح.م.ك، 2013).

قائمة المراجع:
شبكة الحلفاء للسياسة والبحوث والعمل من أجل الاستدامة (ش.ح.س.ب.ع.ا)، 2013: http://www.anpras.org/
S ،Bunwaree. و 2005 ،R. Kasenlly: "الأحزاب السياسية والديمقراطية في جزر موريس".
منتدى الحكم المحلي التابع للكومنولث، (م.ح.م.ك)، 2013: "ملامح قطرية لدولة جزر موريس".
مجلس جزر موريس للأعمال الاجتماعية (م.م.أ.ا)، 2012: http://www.macoss.intnet.mu/.
وزارة الحكومات المحلية والجزر المحيطة (و.ح.م.ج.م)، ب.ت:
http://localgovernment.gov.mu/English/AboutUs/Pages/Mission-and-Vision.aspx.
مشروع الكوتا، 2014: "جزر موريس".

المكسيك

عدد السكان: 120.847.477
المرتبة التي تحتلها في سلم التنمية البشرية: 61/187
مؤشر التنمية البشرية: 0.775

منذ أوائل العام 2000، قامت المكسيك بوضع عدة برامج تنموية مثل تنسيق التعاون بخصوص التنمية القروية وخلق بنيات مؤسساتية وتقسيم الأموال بشكل عادل لتطبيق محكم لمسلسل اللامركزية (البنك الدولي، 2006)

لمحة عن نظام الحكامة المحلية

- تتكون المكسيك من 31 ولاية ومقاطعة فدرالية واحدة وهي مكسيكو سيتي. وتنقسم الولايات إلى 2477 بلدية يحكم كل واحدة منها عمدة ومجلس بلدي (SudHistoria، 2011).
- توجد في أواكساكا 412 بلدية وكل بلدية على رأسها زعامات تقليدية ومجالس محلية. منذ سنة 2005، فقط 12 في المائة من البلديات هي التي اعتمدت الاقتراع السري.
- تشرف الأمانة العامة للحكامة التابعة لوزارة الداخلية على مراقبة الحكومة المحلية (الأمانة العامة للحكامة، 2012).
- تخصص كل ولاية مقاعد خاصة بكل جنس. إذ تقتضي المادة 41 من الدستور الفيدرالي أن الأحزاب السياسية عليها وضع ضمانات قانونية للمساواة بين الجنسين في القوائم الانتخابية (مشروع الكوتا، 2014).

فعاليات المجتمع المدني

- تعتبر شبكة أمريكا اللاتينية والكاريبية من أجل الديمقراطية (ش.أ.ل.ك.د) بمثابة قاعدة بيانات لتبادل المعلومات وأفضل الممارسات والاستراتيجيات بشأن الديمقراطية وحقوق الإنسان في المنطقة (ش.أ.ل.ك.د، 2014).
- يُعدُّ مرصد Observatorio Ciudadano قاعدة أساسية تستقبل النقد البناء لحل المشاكل والتأثير على السياسات العمومية في أواكساكا (Observatorio Ciudadano، ب.ت).

مؤسسات بناء القدرات

- تعد الأمانة العامة للزراعة والثروة الحيوانية والتنمية القروية ومصايد الأسماك والغذاء برامج قطعت أشواطا في تحقيق مسلسل اللامركزية، خصوصا برامج التنمية القروية في المكسيك (البنك الدولي، 2006).
- تقوم جمعية السلطات المحلية للمكسيك، وهي جمعية مدنية، بدور المنتدى الجامع للبلديات من خلال الارتقاء بكفاءة موظفي السلطات وتكوين المسؤولين (AALMAC، 2011).

الرقابة الجبائية

- تأتي معظم تمويلات مشاريع التنمية القروية من موارد فدرالية لأن الحكومة المركزية لها مساهمات ضعيفة في تمويل هذه المشاريع (البنك الدولي، 2006).
- يمكن للحكومات المحلية تحصيل ضرائب الملكية داخل المدار الحضري ورسوم تسجيل السيارات، ولكن لا يحق لها فرض نظام ضريبي خاص بها (المدن المتحدة والحكومات المحلية ((م.م.ح.م)، 2010).
- تصل نفقات الحكومة المحلية إلى 6.5 في المائة من إجمالي نفقات الحكومة المركزية والتي تقدر بـ 2 في المائة من الناتج الإجمالي المحلي (م.م.ح.م، 2010).

مبادرات رائدة

- يسعى قانون التنمية القروية المستدامة لسنة 2001 إلى النهوض بنظام اللامركزية من خلال إنشاء بنيات مؤسساتية. كما ينص هذا القانون على توقيع اتفاقيات بين الأمانات العامة الفيدرالية والولايات لتنفيذ برامج قطاعية (البنك الدولي، 2006).
- في يونيو من سنة 2002، صدر قانون يقضي بإعداد برنامج خاص (Especial Concurrente) لتنسيق مشاريع التنمية التابعة للأمانات العامة ذات الصلة (البنك الدولي، 2006).

تحديات الحكامة المحلية التشاركية

- تبقى مشاركة المجتمع المدني في الشأن المحلي محدودة، كما يحتاج المواطنون إلى مزيد من التحصيل التعليمي. يتعلق الأمر بوضع ملتبس تغيب فيه المعلومات عن الحكومة على شبكة الإنترنت (البنك الدولي، 2007).
- تشكو الحكومات المحلية من ضعف تخطيطها الاستراتيجي وسوء التدبير المالي وثغرات في تحصيل الإيرادات وقلة الكفاءات لتطوير المشاريع الاستثمارية وضعف المراقبة وعدم نشر النتائج بالفعالية المطلوبة (بنك التنمية للبلدان الأمريكية (ب.ت.ب.أ)، 2010)
- في غياب الخدمة المدنية، قام رؤساء البلديات بإدراج تدابير إدارية جديدة مما حال دون إنشاء برامج طويلة المدى (Sisk وأخرون، 2001).
- تفتقد بعض السلطات البلدية إلى القدرات الأساسية التي تمكنها من مزاولة مهامها بكل فعالية مثل غياب قوات الشرطة (Bertelsmann Stiftung، 2014).

قائمة المراجع:
إدارة الجامعة الأمريكية للحكومة (AU، 2005): "الانتخابات بموجب القانون العرفي في أواكساكا، المكسيك".
جمعية السلطات المحلية للمكسيك (AALMAC)، 2011: http://www.aalmac.org.mx/.
Bertelsmann Stiftung، 2014: "مؤشرات الحكامة المستدامة (م.ح.م). تقرير حول المكسيك لسنة 2014".
بنك التنمية للبلدان الأمريكية (ب.ت.ب.أ)، 2010: "المكسيك".
شبكة أمريكا اللاتينية والكاريبية من أجل الديمقراطية (ش.أ.ل.ك.د)، 2014: http://www.redlad.org/
Obsevatorio Ciudadano، ب.ت: http://www.conseguridadoaxaca.org/menu.html
مشروع الكوتا، 2014: "المكسيك".
الأمانة العامة للزراعة والثروة الحيوانية والتنمية القروية ومصايد الأسماك والغذاء، 2013: http://www.sagarpa.gob.mx/Paginas/default.aspx.
الأمانة العامة للحكامة، 2012: http://www.paraosc.segob.gob.mx/es/PARAOSC/home.
Sisk، T، 2001: "الديمقراطية على المستوى المحلي".
SudHistoria، 2011: "الفساد واللامركزية وCaciquismo في المكسيك خلال العقد الأخير".
المدن المتحدة والحكومات المحلية (م.م.ح.م)، 2010: "مالية الحكومة المحلية: تحديات القرن الحادي والعشرين".
البنك الدولي، 2006: "المكسيك: لامركزية برامج التنمية القروية".
البنك الدولي، 2007: "نظام المشتريات الفيدرالي: التحديات والفرص".

المغرب

عدد السكان: 32.521.143
المرتبة التي يحتلها في سلم التنمية البشرية: 130/187
مؤشر التنمية البشرية: 0.591

صوت المغرب في سنة 2011 لصالح دستور جديد ينص على أن "التنظيم الترابي للمملكة تنظيم لامركزي"و"يقوم على الجهوية المتقدمة" (المعهد الدولي للديمقراطية والمساعدة الانتخابية (م.د.د.م.ا)، 2012)، بينما قضية اللامركزية لم تسترع بالاهتمام المطلوب وبالتالي فوتيرة التقدم ما زالت بطيئة (Ottaway، 2013).

لمحة عن نظام الحكامة المحلية
- تضم هيكلة الحكومة 16 جهة تنقسم إلى أقاليم وعمالات ثم إلى جماعات حضرية وقروية (Rao و Chakraborty، 2006).
- يعين الملك والي على رأس كل جهة وينتخب أعضاء المجلس الإقليمي بالاقتراع العام المباشر، كما تُفرز المجالس البلدية عن طريق الانتخابات، فيما تُسير الأقاليم من قبل السلطات المحلية التي يعينها الملك. ويشرف على تسيير كل جماعة رئيس منتخب، كما أن لها مجلس بلدي يسير شؤونها المحلية (غلوبل سكيوريتي، 2011).
- تشرف كل من وزارة الداخلية ووزارة المالية على مراقبة سير الإدارات والسلطات المحلية (المدن المتحدة والحكومات المحلية (م.م.ح.م)، 2008).
- يخصص المغرب، في إطار نظام الكوتا النسائية، 12 في المائة من المقاعد للنساء في المجالس الجماعية و ثلث المقاعد كحد أدنى في المجالس الإقليمية (مشروع الكوتا، 2014).

فعاليات المجتمع المدني
- تنهج مؤسسة الأطلس الكبير مقاربة تشاركية للتنمية تهدف إلى إدماج المناطق القروية الفقيرة وفك العزلة عنها وتعزيز الشراكات، كما أنها تسهر على تنظيم دورات تكوينية لدعم المبادرات الشعبية والنهوض بالتنمية (م.أ.ك، 2014).
- يقوم مركز مدى بمبادرات تربوية لتكوين الشباب وترسيخ مبادئ الديمقراطية وتشجيع الحوار بين الشباب وتعزيز التعاون بين المؤسسات المحلية في القطاعين الخاص والعام (مدى).

مؤسسات بناء القدرات
- تهدف الجمعية الوطنية للجماعات المحلية للمغرب (ج.و.ج.م.م) إلى تقوية الديمقراطية بالمغرب من خلال توفير المساعدة القانونية والتكوينات اللازمة لأكثر من 1600 عضو (ج.و.س.م.م، ب.ت).

الرقابة الجبائية
- تقوم السلطات المحلية بتحصيل إيراداتها الخاصة، كما تتلقى دعما ماليا من الضرائب التي تحصلها الحكومة إضافة إلى موارد خارج الميزانية، والمتمثلة في القروض (Rao و Chakraborty، 2006).
- يحق للسلطات المحلية من الناحية القانونية تحصيل الضرائب والرسوم، إلا أنها لا تملك القوة الجبائية لوضع الضرائب أو اتخاذ قرارات بشأن سن قوانين ضريبية أو أسعار الفائدة. وحدها الحكومة هي التي تتحمل مسؤولية الضرائب والميزانية على جميع مستويات الإدارة (م.م.ح.م، 2008، غلوبل سكيوريتي، 2011).

مبادرات رائدة للحكامة المحلية التشاركية
- ترجع أول خطوة نحو مسلسل اللامركزية لسنة 1997 عندما تم تقسيم الدولة إلى 16 جهة (Ottaway، 2013).
- يسمح الميثاق البلدي الجديد المعتمد سنة 2000 للجماعات بعقد شراكات مع المنظمات غير الحكومية، إلى جانب أنه وسع من صلاحيات واختصاصات المجالس البلدية (م.م.ح.م، 2008).
- روجت المبادرة الوطنية للتنمية البشرية لآليات حكامة جديدة قائمة على المشاركة المحلية لتأهيل الجماعات المحلية وتحسين مستوى المساءلة والشفافية في عملية صنع القرار على المستوى المحلي. (Bergh، 2010).
- دستور سنة 2011 "أسس لملكية دستورية مع فصل السلط" و"ووسع من اختصاصات السلطات المحلية والإقليمية"(المركز الأمريكي المغربي، 2011).

تحديات الحكامة المحلية التشاركية
- لم يتم التأسيس بعد لنظام لا مركزي حقيقي في المغرب. فالعمالات والأقاليم لازالت تشتغل بصلاحيات محدودة تكاد تنعدم معها أية استقلالية مالية، فضلا عن الرقابة المُحكمة عليها من طرف الحكومة المركزية. (م.د.د.م.ا، 2012).
- تعيين الولاة بدل انتخابهم يدل على أن الحكومة المركزية ممثلة بقوة على المستوى المحلي (م.د.د.م.ا، 2012).
- ينبغي أن ينتج عن الجهوية واللامركزية، كما تناولها الدستور الجديد، تفويض العديد من الصلاحيات إلى مستويات الحكم المحلي، إضافة إلى ضرورة بذل جهود كبيرة فيما يخص بناء القدرات على المستوى المحلي (AbiNader، 2013).

قائمة المراجع:
AbiNader، J، 2013، IdeaCom: "المشروع المحلي الاقتصادي والاجتماعي والبيئي المغربي: تأهيل الساكنة المحلية من خلال تطبيق مشروع الجهوية".
Bergh، S، 2010، مجلة البحوث الاقتصادية والاجتماعية: "تقييم السلطات المحلية والتطوير في المغرب على ضوء تجربة البرازيل المتعلقة بالميزانية التشاركية". مركز الدراسات والأبحاث الإنسانية (مدى)، ب.ت، http://centremada.over-blog.com.
GlobalSecurity.org، 2011:"الحكومة المغربية".
مؤسسة الأطلس الكبير، 2014: http://www.highatlasfoundation.org
المعهد الدولي للديمقراطية والمساعدة الانتخابية (م.د.د.م.ا)، 2012، مدني، م. د. المغربي وس.الزرهوني:"الدستور المغربي لسنة 2011: دراسة نقدية".
المركز الأمريكي المغربي، 2011: "الإصلاحات في المغرب".
الجمعية الوطنية للجماعات المحلية بالمغرب (ج.و.س.م.م)، ب.ت: http://anclm.ma.
Ottaway، M، 2013: "المغرب: لامركزية متقدمة ومبادرة الحكم الذاتي في الأقاليم الصحراوية".
مشروع الكوتا، 2014: "المغرب".
Rao، G و Chakraborty، L، 2006: "اللامركزية الجبائية والميزانية التي تأخذ بعين الاعتبار النوع الاجتماعي في المغرب".
المدن المتحدة والحكومات المحلية (م.م.ح.م)، 2008: "ملامح قطرية للمملكة المغربية".

مسلسل اللامركزية بالمغرب: خطى بطيئة وتقدم تدريجي

البروفسور المختار بنعبدلاوي، كلية الآداب ابن امسيك، جامعة الحسن الثاني، الدار البيضاء

جرت أول انتخابات محلية بالمغرب في 29 مايو 1960، أي سنوات قليلة بعد حصول البلد على الاستقلال. وقد شكل هذا الحدث دليلا قويا على الأهمية التي أولتها الدولة مبكرا لقضية اللامركزية.

بيد أن هذا الأمر لا يعني أن الدولة انخرطت نهائيا في طريق الديمقراطية، فاللامركزية كانت موجهة، في جزء منها، إلى تكريس دور النخب المحلية، أي تلك التي تعتبر حليفا مفضلا للنظام، كما أن تطبيقها اصطدم بالحجم الكبير لتمركز السلط بين يدي الحكومة المركزية.

ومنذ ذلك التاريخ، 29 مايو 1960، صارت الانتخابات المحلية والتشريعية تُجرى بوتيرة منتظمة، غير أن عيوبا عديدة شابت العملية الانتخابية مثل التزوير والرشوة والتدخل السياسي.

من جهة أخرى، تم في سنة 1971 الإعلان عن مشروع أول للجهوية، وهو المشروع الذي حدد لنفسه أهداف اقتصادية تتوخى تخفيف التفاوتات والفوارق الجهوية بينما لم تكن الديمقراطية التشاركية موجودة على جدول أعمال الدولة. إلا أن دستور 1996، جاء ليدشن مرحلة حاسمة على هذا المستوى من خلال ما نصت عليه المادة 100، التي اعتبرت، ولأول مرة، أن الجهات هي مناطق ترابية رسمية. وقد سمح هذا الاعتراف للجهات بأن تحصل على الشخصية القانونية والاستقلال المالي.

من جهة أخرى، يمكن القول إن الجهوية في المغرب ليست مرتبطة، فقط، بالإصلاح الاقتصادي أو الإداري، بل إنها قُدمت كحل نهائي لنزاع الصحراء من خلال اعتبارها حلا توافقيا أمام مطالب الانفصاليين.

وبعد دستور 1996، تم سنة 1997 اعتماد قانون أناط بالجهات مهمة جديدة تتمثل في كونها أصبحت قاعدة للحوار بين السكان والإدارة. بالرغم من ذلك، لم يتم إيجاد حلول للعديد من الجوانب الإشكالية المطروحة. فممثلو السكان انتخبوا بالاقتراع غير المباشر على مستوى الجماعات المحلية بينما غاب التمثيل الحقيقي للسكان، كما أن المقتضيات المتعلقة بتدبير الشؤون العامة كانت عامة وفاقدة للدقة، في حين كانت صلاحيات العامل (المحافظ) واضحة، فهو الوحيد المخول له توقيع الوثائق المالية. إذ لا يمكن صرف أي موازنة مالية من دون موافقته.

الدستور الأخير، الذي يعود لسنة 2011، نص على تحول نوعي على مستوى اللامركزية. فقد خصص بابه التاسع لهذه القضية معنونا إياه بـ " الجهات والجماعات الترابية" وقسمه إلى 11 مادة تبتدئ من المادة 135 إلى المادة 146. أما الصلاحيات فقد أصبحت مهمة وتسمح لنا بالحديث عن المشاركة الديمقراطية في البلد. فالمواد المذكورة تنص على أن الجماعات الترابية يجب أن تكون موضوعا من مواضيع القانون العام حتى يمكن تدبيرها بشكل ديمقراطي من خلال قيم التعاون والتضامن. كما أنها تضمن مشاركة السكان في تدبير شؤونهم وتشجيع مشاركتهم في التنمية البشرية والمستدامة.

في نفس الصدد، نص دستور 2011 على ضرورة إنشاء قانون جديد حول الجهات، وهو ما يجري إعداده من خلال مشروع قانون تم الإعلان عنه في 26 يونيو 2014. مشروع القانون الجديد هذا يعزز كل الأوجه الواردة في القانون القديم ويضيف إليها العديد من الوظائف الجديدة. فقد أصبحت الجهة تُعرَّف الآن كجماعة ترابية وموضوعا من مواضيع القانون العام يتمتع بالشخصية القانونية والاستقلال الإداري والمالي. كما أن الحكومة باتت تعترف بأن الجهة تتمتع بسلطة التشاور والتداول وسلطة تنفيذ القرارات التي تتوصل إليها، فضلا عن أنها أصبحت تُعتبر الشريك المفضل للدولة.

المشروع الجديد هذا يتضمن ثلاثة مقتضيات رئيسة وهي:

- انتخاب أعضاء المجلس الجهوي بالاقتراع المباشر، وهو ما سيعزز مشروعيته،
- سحب المسؤولية عن الموازنة من العامل (المحافظ) ومنحها لرئيس المجلس باعتباره رئيسا للسلطة التنفيذية في الجهة،
- تأسيس المجلس لهيئتين استشاريتين، إحداهما مع رجال الأعمال والمجتمع المدني والثانية مع المنظمات غير الحكومية.

المنعطف الجديد هذا الذي دخله المغرب يمنحنا الشعور بالتفاؤل الكبير والإيمان بأن اللامركزية والديمقراطية التشاركية تتقدمان في البلد. بيد أن ثمة أمرين ينبغي توضيحهما وهما: الحجم الذي سيُمنح للصلاحيات المخولة للعامل (المحافظ) وما إذا كان هذا الإجراء الجديد سيتم تنفيذه في الصحراء الغربية كعرض أخير يتم اقتراحه على الانفصاليين أو كمقدمة لاستقلال ذاتي بمواصفات أكثر صرامة ومتانة.

نيبال

عدد السكان: 27.474.377
المرتبة التي تحتلها في سلم التنمية البشرية: 157/187
مؤشر التنمية البشرية: 0.463

يعتبر تشكيل الحكومة المحلية في نيبال تحديا مهما، فالبلد ما زال يشهد تطبيق نظام المركزية إلى حد كبير وتنظيم الانتخابات الحكومية المحلية لازال معلقا منذ سنة 2002 (المعهد الألماني للتنمية (م.أ.ت)، 2013، البنك الدولي، 2014).

لمحة عن نظام الحكامة المحلية

- تنقسم الحكومة المحلية في نيبال إلى 75 محافظة، وتتوفر كل محافظة على هيئة تعمل على تنميتها (ل.ت.م). وتنقسم المحافظات بدورها إلى 58 بلدية و 3913 هيئة لتنمية القرى. وتنقسم هذه الأخيرة أيضا إلى دوائر انتخابية تعتبر أدنى جهاز في هرم السلطة مكلف بتقديم الخدمات (م.أ.ت، 2013، البنك الدولي، 2014).
- يتم انتخاب رؤساء البلديات ورؤساء هيئات تنمية القرى بشكل مباشر في حين يتم تعيين رئيس الإدارة من قبل وزارة الشؤون الفيدرالية والتنمية المحلية التي تعنى بمراقبة كل الأجهزة الإدارية المحلية. (المدن المتحدة والحكومات المحلية (م.م.ح.م)، 2007،البنك الدولي، 2014).
- تفرض نيبال كوتا نسائية تتجلى في 40 في المائة من المرشحين النساء للانتخابات البلدية (مشروع الكوتا، 2014).

فعاليات المجتمع المدني

- تتوفر منظمة GoGo على مستوى المحافظات على شبكة لنادي الحكامة الرشيدة التي تهدف إلى تعزيز المساءلة والرفع من الشفافية وتقوية الحكامة التشاركية (منظمة GoGo، 2014).

مؤسسات بناء القدرات

- يهدف برنامج التنمية القروية والحكامة المحلية (ب.ت.ق.ح.م) إلى تقوية بناء قدرات الحكومة المحلية للرفع من جودة الخدمات المقدمة للمواطنين. كما يسعى هذا البرنامج إلى ترسيخ مبدأ المساءلة وتأهيل الموارد البشرية وتطويرها (ب.ت.ق.ح.م، 2014).
- يعتبر برنامج الحكامة المحلية وتيسير المساءلة (ح.م.ت.م) برنامجا وطنيا يروم تقوية مشاركة المواطنين وتأهيل قدرة الأشخاص المهمشين والارتقاء بالمنظمات المدنية لتحسين الشفافية والمساءلة داخل هياكل الحكومة المحلية (ح.م.ت.م، 2014).

الرقابة الجبائية

- تحصل البلديات على المنح والإيرادات من الحكومة المركزية، إلا أنه يحق لها فرض عدة ضرائب مثل الضريبة على السكن وعلى امتلاك الأراضي وعلى الاستئجار وعلى المقاولات وعلى العربات وعلى الأملاك وعلى وسائل التسلية بالإضافة إلى فرض رسوم الخدمات وأتعابها (م.م.ح.م، 2007).
- تتلقى هيئة تنمية المحافظات تحويلات مالية من الحكومة المركزية، كما يمكنها فرض رسوم وتقديم خدمات مدفوعة الأجر وضرائب على وسائل المواصلات وعلى بعض البضائع (م.م.ح.م، 2007).

مبادرات رائدة للحكامة المحلية التشاركية

- فوض قانون اللامركزية لسنة 1982 مجموعة من الصلاحيات إلى الحكومة المحلية (م.م.ح.م، 2007).
- بعد استئناف العمل بالنظام الديمقراطي في سنة 1991، عززت ثلاثة قوانين الإصلاحات اللامركزية:
  - قانون هيئة تنمية المحافظات.
  - قانون هيئة تنمية القرى.
  - قانون البلديات (م.م.ح.م، 2007)
- منح قانون الحكم الذاتي المحلي لسنة 1999 اختصاصات مهمة متعلقة بتقديم الخدمات واستقلالية جزئية فيما يخص اتخاذ القرارات والانخراط في الهيئات المحلية (م.م.ح.م، 2007).
- يعمل برنامج الحكامة المحلية والتنمية القروية حاليا من أجل التخفيف من حدة الفقر من خلال التنمية القائمة على المشاركة المجتمعية، وذلك عبر إنشاء حكومات محلية شاملة ومسؤولة ومتجاوبة (م.ت.أ، 2013).
- تسعى نيبال إلى إصدار دستور جديد بحلول شهر فبراير من سنة 2015 (Ranjitkar، 2014) والذي سيتضمن "توضيح الأدوار ومسؤوليات الحكومة المحلية بكل مستوياتها". كما سينص هذا الدستور على إنشاء قاعدة آمنة للمسؤولين المحليين المنتخبين وعلى شفافية أكثر بالإضافة إلى ربط التحويلات المالية بصيغة معينة (م.م.ح.م، 2010).

تحديات الحكامة المحلية التشاركية

- تم تعليق الانتخابات منذ سنة 2002، بينما يتم تسيير الحكومات المحلية من قبل مسؤولين بالإنابة، فيما يدير البيروقراطيون هيئات غير منتخبة (م.أ.ت، 2013).
- استشراء الفساد في الهيئات الحكومية المحلية يؤثر بشكل خطير على قدرة الحكومات المحلية على أداء مهامها، مما يؤدي إلى فقدانها للمصداقية من وجهة نظر المواطنين النيباليين (م.أ.ت، 2013)
- على الرغم من أن قانون الحكم الذاتي المحلي يمثل لبنة أساسية في هذا المجال، إلا أن أهم ما جاء به هذا القانون لم يعرف بعد طريقه نحو التنفيذ؛ فالتمويل الحكومي المحلي منخفض جدا وتحصيل الإيرادات يبقى محدودا مقارنة بحجم مساحة البلديات (م.م.ح.م، 2007، البنك الدولي، 2014).

قائمة المراجع

المعهد الألماني للتنمية (م.أ.ت)، 2013، مليك، V.: "الحكامة المحلية والمجتمعية من أجل السلام والتنمية بنيبال".
منظمة (GoGo) للحكامة الرشيدة، 2013: http://www.gogofoundation.org/.
الحكامة المحلية وتيسير المساءلة (ح.م.ت.م)، 2014: http://www.lgaf.gov.np/.
برنامج التنمية القرية والحكامة المحلية (ب.ت.ق.ح.م)، 2014: http://www.lgcdp.gov.np/home/index.php.
مشروع الكوتا، 2014: "نيبال"
Ranjitkar، S، 2014، Scoop. IndependentNews: "نيبال: إصدار دستور جديد في فبراير، 2015".
المدن المتحدة والحكومات المحلية (م.م.ح.م)، 2007: "ملامح قطرية لجمهورية نيبال الديمقراطية الفيدرالية".
المدن المتحدة والحكومات المحلية (م.م.ح.م)، 2010: "تمويل الحكومة المحلية: تحديات القرن الواحد والعشرين".
البنك الدولي، 2014، Farvacque-Vitkovic, C و M.Kopanyi: "تمويل البلديات. دليل الحكومات المحلية".

النيجير-

عدد السكان: 17.831.270
المرتبة التي تحتلها في سلم التنمية البشرية: 186
مؤشر التنمية البشرية: 0.304

عانى بلد النيجر من غياب ملحوظ في الاستقرار السياسي والمؤسساتي في السنوات الأخيرة نتيجة للانقلابات العسكرية. ففي سنة 2010 وضع البلد دستور يقضي بتشييد البناء المؤسسي للجمهورية من خلال خلق هيئات وأطر للتعاون بخصوص القضايا ذات المصلحة الوطنية (صندوق النقد الدولي، 2013).

لمحة عن نظام الحكامة المحلية

- تتوفر النيجر على ثلاثة مستويات متعلقة بالحكومة المحلية: 8 أقاليم و36 دائرة و265 بلدية. ومع ذلك تبقى البلديات هي المستوى الوحيد الأكثر فعالية للسلطة المحلية(UCLG, 2008).
- تُدار الأقاليم والدوائر من قبل المجالس وقادة المجالس. ويتم قيادة البلديات من طرف أعضاء المجالس ورؤساء البلديات (UCLG، 2008).
- تدخل كل من مدينة نيامي Niamey ومرادي Maradi وتاهوا Tahoua وزندر Zinder ضمن جماعات حضرية ذات مجالس جماعية حضرية تتألف من ممثلين عن كل بلدية. ويُنتخب رئيس مجلس الجماعة الحضرية من قبل هؤلاء الممثلين (UCLG، 2008).
- يراقب ممثلو الدولة مدى قانونية الأعمال المقبلة للسلطات البلدية. (UCLG، 2008)
- تقوم الانتخابات على المستوى المحلي برصد حصص تشريعية خاصة بعدد مقاعد كل جنس بحيث يجب أن تشمل قوائم الانتخابات البرلمانية والمحلية المقدمة من قبل الأحزاب السياسية أو مجموعات من الأحزاب السياسية أو مرشحون غير منتمون مرشحين عن كلا الجنسين. كما لا ينبغي عند إعلان النتائج النهائية أن تكون نسبة المنتخبين من كلا الجنسين أقل من 10 في المائة. (مشروع الكوتا، 2014).

فعاليات المجتمع المدني

- تعمل الجمعية النسوية للمحاميات في النيجر (AFJN) على تحسين الوضع القانوني للمرأة (GNB 2014).
- تقوم جمعية الدفاع عن حقوق الانسان في النيجر (ANDDH) بدورات تكوينية وتعطي دروسا في التربية على المواطنة في مجال حقوق الإنسان (ANDDH، 2012).

مؤسسات بناء القدرات

- يسعى اتحاد بلديات النيجر (AMN) إلى تعزيز التنمية المستدامة من خلال تأهيل البلديات (AMN، 2011).

الرقابة المالية

- تحيل السلطات المحلية في نهاية كل سنة جبائية حساباتها المالية والإدارية على مكتب تدقيق حسابات الدولة لفحصها (UCLG، 2008).
- تتم تمويل البلديات عموماً من مداخيل الضرائب وتحويلات الحكومة المركزية في غياب قوانين تحدد القدر المالي الذي ينبغي تحويله من قبلها. وتتقاسم السلطات المحلية وسلطات الدولة مداخيل الضرائب المشتركة (UCLG، 2008).
- تتمتع المجالس المحلية بسلطة فرض الرسوم لتوفير الخدمات التي تقدمها الأقاليم أو الدوائر الانتخابية أو البلديات والتي تصب في مصلحة دافعي الضرائب. ويمكن للمجالس إضافة رسوم ضريبية علاوة على تلك التي تفرضها الحكومة المركزية (UCLG، 2008).

مبادرات رائدة للحكامة المحلية التشاركية

- اعتمدت النيجر سنة1961 القانون رقم 61/30 الذي أنشئت بموجبه السلطات المحلية وقانون سنة 1964 رقم 64/023 الذي أحدث بموجبه الدوائر الادارية والسلطات المحلية في إطار الدولة المركزية (UCLG، 2008).
- جاء مسلسل اللامركزية سنة 1991 استجابة للمطالب الفيدرالية للذين قادوا التمرد المسلح (UCLG، 2008).
- تضمنت وثيقة استراتيجية الحد من الفقر التي تم نشرها سنة 2000 مواضيع استراتيجية تتعلق "بتأهيل الحاكمة الرشيدة وتمكين القدرات البشرية وتقوية المؤسسات وتعزيز نظام اللامركزية لتحقيق حكامة محلية قوية اقتصاديا وسياسيا. (UCLG، 2008).
- خلقت المفوضية السامية لتحديث هياكل الدولة سياسة وطنية تقضي بتحديث قطاعات الدولة وتهدف إلى الرفع من جودة الخدمات الحكومية المقدمة للمواطنين مع الحرص على تسهيل ولوج المواطنين لمختلف المرافق العمومية (صندوق النقد الدولي، 2013).
- منحت السياسة الوطنية للامركزية التي تم وضعها في مارس 2012 الحكومة المحلية صلاحية مراقبة طرق تطبيق السياسات المعتمدة للتنمية المحلية المستدامة والجهود المبذولة لتحقيق الحاكمة الرشيدة ومدى ارساء قواعد الديمقراطية المحلية (صندوق النقد الدولي، 2013).

تحديات الحكامة المحلية التشاركية

- يشكل نقص الموارد وعدم القدرة على تعبئة الموارد الداخلية عائقا أمام الحكومات المحلية ويمنعها من الوفاء بمسؤولياتها وتقديم خدمات عامة في المستوى (صندوق النقد الدولي، 2013).
- أدى ارتفاع مستوى الأمية وغياب التدريب وتدني كفاءة عدد كبير من أعضاء المجالس إلى ضعف هيئات السلطة المحلية مما يضرب في العمق استقلاليتها (UCLG، 2008)
- تم تنفيذ مسلسل اللامركزية وإحداث السلطات البلدية المنتخبة سنة 2004 في غياب دعم سياسي حقيقي (de Sardan، 2012).

قائمة المراجع:

اتحاد بلديات النيجر(AMN), 2011 : https://www.facebook.com/pages/AMN-Association-des-Municipalit%C3%A9s-du-Niger/208759179173618?sk=info.
الجمعية النيجيرية للدفاع عن حقوق الإنسان(ANDDH), 2012 : http://anddh-niger.org/./.
فتيات لا عروسات (Girls Not Brides) 2014: http://www.girlsnotbrides.org/members/association-des-femmes-juristes-du-niger-afjn/.
صندوق النقد الدولي (IMF)، 2013: "النيجر: استراتيجية الحد من الفقر".
ذي ساردان (Sardan، J.) 2012: "الصالح العام: ردود الأفعال المحلية تجاه عدم انسجام السياسات وفشل الدولة في النيجر."
مشروع الكوتا، 2014: "النيجر".
المدن المتحدة والحكومات المحلية، (UCLG)، 2008:"ملامح قطرية للنيجر".

نيجيريا

عدد السكان: 168.833.776
المرتبة التي تحتلها في سلم التنمية البشرية: 153/187
مؤشر التنمية البشرية: 0.471

تعد نيجيريا واحدة من أكثر الدول تطبيقا لنظام اللامركزية في إفريقيا، إلا أن الحكومات المحلية تواجه صعوبات بخصوص توفير الخدمات الاجتماعية والاقتصادية. ويرجع السبب والسبب في ذلك إلى اختلال التوازنات بين حجم الإيرادات والنفقات الخاصة بالحكومة المحلية (IFPRI، 2009).

لمحة عن نظام الحكامة المحلية

- تنقسم نيجيريا إلى 36 ولاية بالاضافة إلى إقليم العاصمة الفيدرالية أبوجا. وتتضمن الولايات 768 سلطة للحكومة المحلية و6 مجالس تابعة لمنطقة أبوجا (CLGF، 2013).
- تنتخب المجالس المحلية بشكل مباشر وتتشكل من 10 إلى 13 مستشارا (CLGF، 2013).
- تسهر وزارة الحكومة المحلية على الارتقاء بأداء الحكومات المحلية وتطويره ومعالجة المقترحات المتعلقة بالميزانية وتعزيز مبادرات بناء القدرات (وزارة الحكومة المحلية، 2013).
- لا تتوفر نيجيريا على حصص تشريعية خاصة بعدد مقاعد كل جنس (المجلس الثقافي البريطاني، 2012).

الرقابة الجبائية

- تقوم كل من الحكومة الفيدرالية ونظيرتها المركزية بمهمة تحصيل الضرائب، ويحق للحكومات المحلية أن تجمع بعض الضرائب المحلية مثل ضرائب النقل وتلك المفروضة على الباعة المتجولين وضرائب الأسواق. بالإضافة إلى ذلك، فإن الحكومات المحلية تتلقى تمويلا من قبل الحكومة المركزية وتحصل على منح من الصندوق الفدرالي (CLGF، 2013).
- تحصل الحكومة المركزية ونظيرتها المحلية على حوالي 50 في المائة من إجمالي إيرادات الحكومة إذ يتم تخصيص حوالي 20 في المائة منها للحكومات المحلية (CLGF، 2013).

فعاليات المجتمع المدني

- يسهر مركز الديمقراطية والتنمية على تعزيز التنمية الديمقراطية ويركز على بناء القدرات وتشجيع ممارسة السياسة والحكامة الديمقراطية (CDD، 2014).
- ينهض مركز البيئة وحقوق الإنسان والتنمية بالوعي الحقوقي لسكان البوادي ويقوي قدراتهم من خلال التعليم وتقديم يد المساعدة (CEHRD، 2012).
- يدعم منتدى المرأة القيادية القيادات النسوية ويعزز مشاركة الشباب على المستويين المحلي والوطني (FLF، 2012).

مؤسسات بناء القدرات

- تمثل جمعية الحكومات المحلية في نيجيريا جميع الحكومات المحلية وتقدم لهم الخدمات والدعم لضمان اعتماد مقاربات التنمية التشاركية في المناطق الحضرية والقروية التابعة للحكومة المحلية لتحقيق التنمية المحلية الفعالة (CLGF، 2013).
- تدعم منظمة شراكة الدولة من أجل المسؤولية والتفاعلية والأهلية إصلاحات الحكومة الحالية في نيجيريا وتساعد على تدبير معقلن للموارد (SPARC، 2014).

مبادرات رائدة للحكامة المحلية التشاركية

- شكل إصلاح الحكومة المحلية لسنة 1976 نقطة تحول مهدت الطريق لإطلاق مسلسل الحكومات المحلية في البلد. ووضع هذا الاصلاح الحكومة المحلية في الدرجة الثالثة كما تم التنصيص على ذلك في دستور 1979 (Okafor and Orjinta, 2013).
- تمت المصادقة على دستور سنة 1999 بعد انتهاء السيطرة العسكرية والذي وضع الحكومة المحلية في الدرجة الثالثة ومع ذلك لا تزال هذه الأخيرة تخضع لسيطرة الحكومة المركزية (Okafor and Orjinta, 2013).
- سنت نيجيريا عام 2011 قانون حرية الإعلام لتحسين الشفافية الحكومية، إلا أن النفاذ إلى المعلومة لايزال صعبا في أغلب الأحيان (فريدم هاوس، 2014).

تحديات الحكامة المحلية التشاركية

- تُسير المجالس المحلية المنتخبة 157 حكومة محلية فقط من أصل 774 خلافا لدستور سنة 1999 الذي يتم فيه استبدال المجالس المحلية المتبقية "بلجان تصريف الأعمال" التي تم تعيينها من قبل حاكم الدولة (Okafor and Orjinta, 2013).
- فشلت الدولة والحكومات المحلية في توفير الخدمات العامة للمواطنين (IFPRI، 2009).
- لا يتم تنظيم الانتخابات المحلية بشكل منتظم (Nigerians Talk, 2013).
- تعرف كل القطاعات الحكومية قلة في الشفافية والمساءلة حول كيفية تدبير الموارد العامة وما يزيد الوضع تفاقما هو ضعف العقوبات الزجرية (البنك الدولي، 2009).
- تُشكل حصة النساء أقل من 10 في المائة من مجموع أعضاء المجالس الحكومية المحلية المنتخبة (CLGF 2013).

قائمة المراجع:
المجلس الثقافي البريطاني، 2012: " تقرير النوع الاجتماعي في نيجيريا 2012".
مركز البيئة وحقوق الإنسان والتنمية (CEHRD)، 2012: www.cehrd.org.
مركز الديمقراطية والتنمية (CDD)، 2014 : http://cddwestafrica.org/index.php/en/
منتدى رابطة الشعوب البريطانية الكومنولث للحكومة المحلية (CLGF)، 2013: " نظام الحكومة المحلية في نيجيريا".
منتدى المرأة القيادية، 2012: www.flf.com.ng/home.
فريدم هاوس، 2014: "نيجيريا".
معلومات حول نيجيريا، 2013: دعوة إتحاد الحكومات المحلية في نيجيريا (ALGON) للاستقلالية الحكومات المحلية (LG).
المعهد الدولي لبحوث السياسات الغذائية، 2009، أوكوجي، سي: اللامركزية وتوفير الخدمات العامة في نيجيريا. http://www.nigerstate.gov.ng/ministry-of-local-government.html.
وزارة الحكومة المحلية، 2013: : http://www.nigerstate.gov.ng/ministry-of-local-government.html.
نقاش النيجيريين (Nigerians Talks)، 2013، Amaza، M: "هل نحن بحاجة لحكم ذاتي محلي؟"
أوكار، دجي وأي. أورجينتا، 2013، مجلة رابطة الشعوب البريطانية الكومنولث للحكامة المحلية: "الديمقراطية الدستورية ولجنة تصريف الأعمال في نظام الحكومة المحلية بنيجيريا: تقييم للوضع".
شراكة الدولة من أجل المسؤولية والتفاعلية والأهلية (SPARC): www.sparc-nigeria.com/index.php.

باكستان

عدد السكان: 179.160.111
المرتبة التي تحتلها في سلم التنمية البشرية: 146/187
مؤشر التنمية البشرية: 0.515

سعت باكستان في البداية إلى إصلاحات لتطبيق نظام اللامركزية في سنة 1973 وكررت العملية خلال سنتي 2000 و2001. ومع ذلك، تم تعليق عمل الحكومات المحلية في سنة 2010 ووضعت البلديات تحت إمرة السلطة المحلية (م.م.ح.م، 2010). وأعلن وزير الحكومة المحلية في سنة 2013 عن تطبيق قانون الحكومة المحلية الجديد الذي بموجبه سيتم إجراء انتخابات الحكومة المحلية غير أنه تم تأجيل هذه الأخيرة الى أجل غير مسمى (,2014The Express Tribune).

لمحة عن نظام الحكامة المحلية

- تتكون الحكومة المحلية الباكستانية من أربع حكومات إقليمية إذ تعتبر الأقاليم هي المسؤولة عن إنشاء الحكومات المحلية وعن خلق مصالح لإدارة شؤونها (م.م.ح.م، 2010).
- تنقسم الحكومات المحلية إلى 112 مقاطعة (المناطق القروية) ومناطق مدنية (المناطق الحضرية الكبيرة)، و399 "تهسيل" أو مدينة، و 6125 اتحاد المجالس (م.م.ح.م، 2010)
- يتم العمل في باكستان بالحصص التشريعية الخاصة بعدد مقاعد كل جنس (نظام الكوتا) على شكل مقاعد محجوزة إذ يتم حجز 33 في المائة من المقاعد للنساء على مستوى كل حكومة محلية وهيئة إدارية. ويتم حجز 22 في المائة من المقاعد للنساء في المجالس الإقليمية (مشروع الكوتا، 2014).

فعاليات المجتمع المدني

- تعنى لجنة المواطنين للتنمية البشرية (CCHD) بتطبيق برامج التعليم حول الحكومة المحلية وبإجراء حملات تحسيسية مؤيدة للحكامة الديمقراطية (CCHD، 2012).
- تدعم الجمعية الوطنية المندمجة للتنمية (NIDA) بناء القدرات من أجل الحكامة الرشيدة ومشاركة المواطنين وتطوير القطاعين العام والخاص (NIDA، 2012).

مؤسسات بناء القدرات

- تنسق جمعية المجالس المحلية في البنجاب (LCAP) بين الحكومات المحلية في إقليم البنجاب لتعزيز الحكامة التشاركية وتسهيل العمل المشترك لإيجاد حلول للقضايا العالقة (LCAP، 2013).

الرقابة الجبائية

- تمتلك الحكومة المركزية معظم القوة الجبائية مع أن الحكومات الإقليمية قد تقوم بتحصيل بعض الضرائب. يتم نقل جزء كبير من الإيرادات الإقليمية إلى الحكومات المحلية التي تعتمد فقط على تمويل الحكومات الأخرى (م.م.ح.م، 2010).
- لا تزال سلطة الحكومة المحلية فيما يخص الملكية معلقة (م.م.ح.م، 2010).

مبادرات رائدة للحكامة المحلية التشاركية

- شملت خطة انتقال السلطة التي تم إقرارها سنة 2001 إصلاح النظام الانتخابي لهياكل الحكومة المحلية وعملياتها، مما منح الحكومات الإقليمية السلطة للحصول على الإيرادات ومكن نظيرتها المحلية من تولي مهام السلطات البلدية السابقة (CJLG، 2013).
- قامت باكستان سنة 2001 بتعديل إقليمي مهم وسّع ليس فقط نطاق مسؤولية سلطاتها البلدية لكن أيضا نطاق تحصيل الضرائب على الممتلكات (م.م.ح.م، 2010).
- أعلِن أن حكومة إقليم البنجاب ستعيد إقامة نظام الحكومة المحلية وستستعد للانتخابات المحلية في متم سنة 2013 (Daily Times، 2013).

تحديات الحكامة المحلية التشاركية

- لم يتحقق إضفاء الطابع المؤسساتي للمساءلة السياسية على المستوى المحلي إذ لا تزال المراقبة المحلية للمواطن لموظفي الخدمة المدنية ضعيفة (م.م.ح.م، 2010).
- لا تملك لجنة الحكومة المحلية واللجنة المالية الإقليمية القدرة الكافية لحماية حقوق الحكومة المحلية (البنك الدولي، 2010).
- باتت الحكومات المحلية تواجه عدة إكراهات بخصوص الموارد فهي تعاني من قلة عائدات الضرائب المحلية وشح في تحويلات الأموال من الحكومات الإقليمية (م.م.ح.م، 2010)
- كان من المقرر إصدار قانون جديد وإجراء انتخابات الحكومة المحلية في متم سنة 2013 ولكن تأجل إلى وقت غير مسمى بسبب التعديلات (The Express Tribune ، 2014).

قائمة المراجع:

لجنة المواطنين للتنمية البشرية (CCHD)، 2012: http://cchd.org.pk/CCHD_Files/Democratic_Governance.html.
مجلة الكومنولث للحكم المحلي (CJLG)، 2013: "خطة انتقال السلطة في باكستان لسنة 2001: موجز لفجر الديمقراطية المحلية"
ديلي تايمز، 2013: "مميزات مشروع قانون الحكومة المحلية في البنجاب."
جمعية المجالس المحلية في البنجاب، 2013: http://lcap.org.pk/.
الجمعية الوطنية المندمجة للتنمية (NIDA)، 2012: http://www.nidapakistan.org/ta8.php.
مشروع الكوتا، 2014: "باكستان".
ذي اكسبرس تريبيون، 2014: "لجنة الانتخابات الباكستانية تؤجل انتخابات الحكومة المحلية في البنجاب."
المدن المتحدة والحكومات المحلية، 2010: "الموارد المالية للحكومة المحلية: تحديات القرن الواحد والعشريين".
البنك الدولي، 2010: "القدرة الشرائية وتقديم الخدمات في جنوب آسيا: تحسين النتائج من خلال المشاركة المدنية وتعزيز القدرة الشرائية في باكستان".

الباراغواي

عدد السكان: 6.802.295
المرتبة التي تحتلها في سلم التنمية البشرية: 111
مؤشر التنمية البشرية: 0.676

تتسم دول أمريكا اللاتينية باعتمادها على نظام اللامركزية إلا أن الباراغواي تعد واحدة من البلدان الأكثر مركزية في المنطقة وهذا راجع إلى التهديد المحتمل المتعلق بالسيادة الوطنية وانخفاض عدد السكان عموما.

لمحة عن نظام الحكامة المحلي

- تنقسم الباراغواي إلى 17 دائرة و231 بلدية ويَنتخب المواطنون رئيس البلدية بشكل مباشر. ويُستخدم نظام التمثيل النسبي لانتخاب أعضاء المجالس (UCLG، 2008).
- يراقب مكتب التدقيق الوطني والكونغرس الوطني عمل الحكومة المحلية على المستوى الوطني (UCLG، 2008).
- تخصص حصص للجنسين على المستوى المحلي: "يتعين على الأحزاب السياسية احداث آليات حزبية داخلية لضمان ادماج مرشحة واحدة من بين خمس مرشحين في اللوائح الوطنية" (مشروع الكوتا، 2013).

فعاليات المجتمع المدني

- يلتزم مركز الدراسات القضائية (CEJ) بتحسين النظام القضائي في الباراغواي، وكذا حث المواطنين على المشاركة وضمان الحق في النفاذ إلى القضاء (CEJ، 2014).
- يعمل مركز المعلومات ومصادر التنمية (CIRD) على تعزيز التقدم الاجتماعي والرقي بالعدالة الاجتماعية من خلال تعبئة المجتمع المدني لتحسين إدارة الموارد وتبادل المعلومات (CIRD، 2006).
- تشجع منظمة بذور الديمقراطية (Semillas) المواطنين على تخليق الحياة العامة وعلى تطوير الممارسة المسؤولة للحكومة بغية تحسين جودة العمل الديمقراطي. كما تعمل هذه المنظمة جنبا إلى جنب مع المنظمات والمؤسسات التي تعنى بتطوير السياسات ووضع القوانين التي من شأنها دعم الممارسات والمبادرات الديمقراطية (Semillas, n.d.).

مؤسسات بناء القدرات

- تأسست منظمة التعاون بين البلديات (OPACI) في الباراغواي سنة 1971 لتعزيز التعاون بين البلديات وتقوية عمل الحكومات المحلية (OPACI، 2014).
- يعتبر مجلس المحافظين تابعا لوزارة العلاقات الخارجية (MER) أنشئ في تسعينات القرن الماضي ليشكل أرضية لمناقشة مختلف القضايا المحلية والخطط المستقبلية (MER 2014).

الرقابة الجبائية

- تبلغ نفقات الحكومات المحلية حوالي 1.8 في المائة من الناتج المحلي الإجمالي، أو 7 في المائة من إجمالي الإنفاق الحكومي (UCLG، 2010).
- تتطلب بعض المكونات الخاصة بالميزانيات المحلية مصادقة سلطات ذات مستوى عال إن على المستوى المركزي أو الإقليمي (UCLG، 2010).
- لا تفرض أية قيود بخصوص القروض المحلية (UCLG، 2010).

مبادرات رائدة للحكامة المحلية التشاركية

- عرّفت المادة الأولى من الدستور الديمقراطي الجديد لسنة 1992، الباراغواي كدولة "لامركزية" (UCLG، 2008).
- في عام 1991، قامت البلديات بانتخاب رؤساء البلديات بشكل مباشر لأول مرة بعد إعادة صياغة القانون الانتخابي الجديد (UCLG، 2008).
- لقد بدأت بعض البلديات بتقديم الميزانية التشاركية كوسيلة لإشراك المواطنين في عمليات اتخاذ القرارات المالية (UCLG، 2008).
- أقر البنك الدولي النجاحات التي حققها بلد الباراغواي في ما يتعلق بتوفير خدمات صحية أولية غير مدفوعة الأجر وتعليم أساسي لجميع المواطنين (البنك الدولي 2013).

تحديات الحكامة المحلية التشاركية

- شكلت هزالة الميزانية عائق أمام الحكومة لتنفيذ مشاريع ناجحة وبناء مؤسسات عمومية فعالة (UN، 2004).
- تعد ندرة آليات المساءلة ومحدوديتها تحديا أمام تنفيذ السياسات والمشاريع (الأمم المتحدة، 2004).
-
- لا تزال البلديات تخضع للحكومة المركزية رغم استقلاليتها القانونية وسيرها في طريق الديمقراطية منذ سنة 1991 (UCLG، 2008).

قائمة المراجع:
مركز المعلومات ومصادر التنمية (CIRD), 2006 : http://www.cird.org.py/.
مركز الدراسات القضائية (CEJ): 2014 http://www.cej.org.py/index.php/cej.
وزارة العلاقات الخارجية (MER)، 2014:http://www.mre.gov.py/v1/Contenidos/222-autoridadesNacionales.aspx#Gobernadores.
منظمة الباراغواي للتعاون بين البلديات (OPACI), 2014: http://www.opaci.org.py/.
مشروع الكوتا، 2013: "باراغواي".
بذور الديمقراطية (Semillas): n.d.: http://www.semillas.org.py/
المدن المتحدة والحكومات المحلية، (UCLG) 2008: "الملامح القطرية للمدن المتحدة والحكومات المحلية: الباراغواي"
المدن المتحدة والحكومات المحلية ، (UCLG) 2010: "مالية الحكومة المحلية: تحديات القرن 21".
الأمم المتحدة (UN) 2004: "الباراغواي: لمحة عن الإنجازات وتحديات المساواة بين الجنسين وتعزيز مكانة المرأة".
البنك الدولي 2013: " لمحة عامة عن البارغواي ".

الفلبين

عدد السكان: 96.706.764
المرتبة التي تحتلها في سلم التنمية البشرية: 114/187
مؤشر التنمية البشرية: 0.654

على الرغم من أن قانون الحكومة المحلية الفلبيني يعتبر حدثا بارزا نحو تطبيق اللامركزية وعلى الرغم من إصلاح نظام الحكامة الذي تم خلال حكم الرئيس الحالي أكينو جونيور (Aquino Jr) إلا أن الفلبين لا تزال تتخبط في العديد المشاكل على المستوى المحلي.

لمحة عن نظام الحكامة المحلي

- تتكون الفلبين من أربع وحدات حكومية على المستوى المحلي: 80 إقليما و 122 مدينة و1512 بلدية و42000 قرية (CenPEG، 2012).
- على الصعيد الوطني، ثلقى مسؤولية مراقبة عمل الحكومة المحلية على عاتق وزارة الداخلية والحكومة المحلية نفسها في حين يمارس مكتب تمويل الحكومة المحلية والتابع لوزارة المالية مهام الرقابة المالية (UCLG، 2006).
- تمتد ولاية المنتخبين الحكوميين ومنتخبي مجالس التنمية المحلية لمدة ثلاث سنوات (LGC، 1991).
- تشترط لجنة الحكومة المحلية وجود امرأة واحدة من بين ثلاثة ممثلين داخل كل بلدية أو مدينة أو إقليم أو مجلس (مشروع الكوتا 2014).

فعاليات المجتمع المدني

- يسعى مركز تأهيل العنصر البشري لنظام الحكامة (CenPEG) لمنح الفقراء المهمشين دورا أكبر في الحكامة من خلال اجراء دورات تدريبية والتعريف بأهمية الانتخابات وحث المواطنين على المشاركة في الحياة العامة بالإضافة إلى لعبه لأدوار أخرى (CenPEG 2014).
- تعمل مؤسسة تنمية الحكومة المحلية (LOGODEF) على تشجيع السلطات المحلية وتعزيز نظام الحكامة المحلي (LOGODEF 2013).
- تهدف مؤسسة غالين بوك (Galing Pook Foundation (GPF إلى بلوغ حكامة رشيدة، وتعمل على بناء للقدرات وتمنح الجوائز للبرامج الحكومية المحلية الناجحة (GPF 2013).

مؤسسات بناء القدرات

- تعنى أكاديمية الحكومة المحلية بتوفير الخدمات المتعلقة ببناء القدرات للوحدات الحكومة المحلية. وتقدم الأكاديمية العديد من الخدمات والمتمثلة في وضع برامج تدريبية وتوفير باقي أشكال المساعدات التقنية. (LGA 2013)
- يسعى اتحاد السلطات المحلية في الفلبين (ULAP) لتحقيق حكم ذاتي محلي حقيقي لجميع وحدات الحكومة المحلية وتوفير الخدمات الأساسية للمواطنين. (ULAP, 2014)

الرقابة الجبائية

- تتشكل مصادر الدخل لوحدات الحكومة المحلية من الممتلكات والمشاريع التجارية المحلية والضرائب المستخلصة من الجماعات ورسوم أخرى. وتبلغ هذه المصادر 32.5 في المائة من ميزانية وحدات الحكومة المحلية حيث يتم تحويل، كإيرادات مشتركة، أربعين في المائة من الضرائب المحلية (⅔ من إجمالي إيرادات وحدات الحكومية المحلية) و40 في المائة من المداخيل الناتجة عن الاستفادة من الثروة الوطنية (الموارد الطبيعية) (0.35 في المائة من إجمالي إيرادات الوحدات الحكومية المحلية)، (صندوق النقد الدولي، 2012).
- يحق لوحدات الحكومة المحلية "تحديد مصادرها الخاصة من المداخيل وذلك وفقا للضوابط والقيود التي قد يفرضها الكونغرس بما يتفق مع السياسة المعتمدة للحكم الذاتي المحلي" (صندوق النقد الدولي، 2012).

مبادرات رائدة للحكامة المحلية التشاركية

- يُعد المجلس المحلي للحكامة لسنة 1991 لبنة أساسية نحو ارساء مبادئ اللامركزية إذ يقوم بتفويض السلطات والانتداب ويضع نظام اللاتمركز. كما يعنى هذا المجلس بوضع نظام اللامركزية للموارد المالية لدعم الخدمات الأساسية (UCLG، 2006).
- تم وضع نظام لتدبير أداء الحكومة المحلية في سنة 2001 لقياس فعالية وجودة الخدمات التي تقدمها الحكومات المحلية (UCLG، 2006).
- بعد انتخاب الرئيس أكينو جونيور (Aquino Jr) في عام 2010، انطلقت سلسلة من الإصلاحات لترشيد الحكامة وترسيخ مبدأ الشفافية ومحاربة الفساد وتمكين المشاركة المباشرة للمواطنين وتعزيزها (GIFT 2013).

تحديات الحكامة التشاركية

- فشلت العديد من الحكومات المحلية في توفير الموارد والخدمات الأساسية لمجتمعاتها (مؤسسة آسيا، 2010).
- يُشكل الفساد والمحسوبية مشكلة حقيقية حيث أن الزعماء المحليين غالبا ما يسيطرون على مناطق نفوذهم مما يضرب في العمق مبدأ المحاسبة ويشجع على الشطط في استعمال السلطة. (فريدوم هاوس 2014).
- أحدثت مقتضيات المجلس المحلي للحكامة لسنة 1991 نوعا من الاختلالات العميقة إذ أن موارد الحكومات المحلية وإيرادات التنازلات الضريبية تصب في صالح الحكومات المحلية في المدن (البنك الدولي، 2011).

قائمة المراجع:
مؤسسة آسيا 2010: "الحكامة المحلي في الفلبين."
مركز تشجيع المواطنين على الحكامة (CenPEG)، 2012: "بعد 20 سنة: إعادة النظر في قانون الحكومة المحلية."
مركز تشجيع المواطنين على الحكامة (CenPEG) 2014 http://www.cenpeg.org فريدوم هاوس 2014: "الفلبين".
مؤسسة غالين بوك (Galing Pook) (GPF) 2013: http://www.galingpook.org.
المبادرة العالمية للشفافية المالية (GIFT)، 2013: "تقرير حول دولة الفلبين".
صندوق النقد الدولي 2012 ،((IMF: "الفلبين: إصلاح قانون المالية في شقه المتعلق باستخراج المعادن والبترول."
أكاديمية الحكومة المحلية 2013 http://www.lga.gov.ph : ((LGA .
قانون الحكومة المحلية للفلبين (LGC)، 1991.
مؤسسة الحكومة المحلية التنمية : 2013 (http://www.logodef.org (LOGODEF
مشروع الكوتا 2014: "الفلبين".
اتحاد السلطات المحلية في الفلبين 2014: http://ulap.net.ph/index.php/en.
المدن المتحدة والحكومات المحلية 2006: "ملامح قطرية عن المدن المتحدة والحكومات المحلية: الفلبين
البنك الدولي، 2011: "القنبلة الموقوتة؟ بحث مدى امكانية القيام بالإصلاحات التشريعية في قانون الحكومة المحلية الفلبينية".

الحكامة المحلية في إفريقيا: تحديات وآفاق

مامادو سيك، معهد غوري

يستند انبثاق الإدارة المحلية للشأن العام إلى ممارسة الديمقراطية التشاركية. فالديمقراطية التشاركية هي نظامٌ أو مسطرة عمل ديمقراطية تتطلع إلى اتخاذ القرار والتشاور فيما يتعلق بمشاركة المواطنين المباشرة في تدبير الشأن العام. ويمكن أن يقوم هذا النظام على عدد من الآليات من قبيل المالية التشاركية، مجالس الأحياء والاستفتاءات الاستشارية. في نفس الإطار، يمكن الحديث عن وجود ثلاثة عوامل أساسية تسهم في قيام الديمقراطية التشاركية الفعالة وهي:

- تحويل السلطة المركزية إلى هيئات سفلى بدل تجميعها ومركزتها على مستوى قمة هرم الدولة،
- انبثاق مجتمع مدني تشاركي- خاصة في إفريقيا- ملتزم بالنظام العام،
- توفر الإرادة لدى السلطات العمومية بالعمل في إطار الشفافية على مستوى اتخاذ القرارات.

لقد ساهم انبثاق المجتمع المدني المتعطش للعمل الجمعوي بشكل كبير في تكريس وتفعيل الديمقراطية التشاركية في إفريقيا. ويتبلور هذا الأمر من خلال القنوات التقليدية المعمول بها عادة في هذا المجال مثل الانتخابات، وكذلك من خلال مبادرات محلية، منبثقة من عمق المجتمع.

في هذا السياق، تعتبر رواندا مثالا مميزا من حيث التطبيق الناجح للمسلسلات التشاركية التقليدية في ما يتعلق بنزع أسباب الخلافات بغية التوصل إلى تحقيق عدالة انتقالية وجبر الجروح والصدمات النفسية الناتجة عن الصراعات الداخلية.

ودائما في الإطار نفسه، تشكل اللامركزية مكونا من مكونات مسلسل مأسسة الديمقراطية المحلية التشاركية.

وفي السينغال، فقد تم اعتماد قانون جديد للجماعات المحلية في العام 2014 يتوخى التقدم بالبلد نحو تطبيق أوسع للامركزية، والتمكن، بالتالي، من تكريس، الديمقراطية التشاركية الفعالة على المستوى المحلي.

ويعتبر المؤتمر الوطني مثالا لهذه الديمقراطية التشاركية الموسعة المدعمة من قبل العديد من مكونات المجتمع السينغالي. فهذه المبادرة التي أطلقتها أحزاب المعارضة ومنظمات المجتمع المدني والنقابات تكللت بتنظيم مشاورات عمومية في الجهات الخمس والأربعين المكونة للتقسيم الجغرافي والإداري للسينغال. إذ دُعي المواطنون إلى تشخيص وتحليل الوضع في المنطقة التي يقيمون بها والوقوف على الصعوبات الميدانية واقتراح الحلول الممكنة للمشاكل المطروحة. وعلى إثر المؤتمر الوطني، تم التوصل إلى تأسيس ميثاق للحكامة الديمقراطية الذي برز كمشروع اجتماعي لتحالف المعارضة السياسية والذي انخرط بدوره في هذا المسلسل.

ويمكن القول إن بداية هذا التغيير السياسي الذي حصل في السينغال تعود بالدرجة الأولى إلى تغيير الحزب الحاكم على إثر الانتخابات الوطنية التي جرت سنة 2012 وبدرجة أقل إلى انتخابات سنة 2009، التي شهدت فوز أحزاب المعارضة - التي ساهمت في تنظيم المؤتمر الوطني- بأغلب الجماعات المحلية الكبرى بما فيها داكار العاصمة.

ما يمكن قوله إجمالا في هذا الصدد هو أن المبادرات التي تم اتخاذها حتى الآن على مستوى تحقيق الديمقراطية التشاركية في إفريقيا لم تكن لا مكتملة ولا نابعة من الإرادة التشاورية القاعدية. فبرلمان المجموعة الاقتصادية لدول غرب إفريقيا، مثلا، المنبثق عن البرلمانات الوطنية في دول غرب إفريقيا يتألف من أعضاء معينين بدل أن يكونوا منتخبين مباشرة من قبل المواطنين، وهو الأمر الذي يتعارض، مثلا، والمقاربة التي ينهجها البرلمان الأوربي الذي يستمد أعضاؤه مشروعيتهم مباشرة من التصويت المباشر للمواطنين.

سيراليون

عدد السكان: 5.978.727
المرتبة التي تحتلها في سلم التنمية البشرية: 177/187
مؤشر التنمية البشرية: 0.359

أعقبت الحرب الأهلية لسنة 2002 مجموعة من الخطوات التي باشرتها سيراليون من أجل تطبيق نظام اللامركزية. ومن بين هذه الخطوات نجد قانون الحكومة المحلية لسنة 2004 وسياسة اللامركزية التي طُبّقت سنة 2010. إلا أن سن القوانين وحده لا يكفي فلا بد من وضع آليات لتنفيذ نظام اللامركزية (البنك الدولي، 2014).

لمحة عن نظام الحكامة المحلية

- يتوفر بلد سيراليون على 19 مجلسا محليا 149 مجلس شيوخ (CLGF، 2013) ويوجد بداخل كل دائرة عدة لجان للتنمية تتمثل مهمتهم في إشراك المواطنين في التخطيط للتنمية. (DFID، 2011).
- هناك ضمانات في ما يتعلق بالتمثيل المتساوي للنساء داخل لجان التنمية التابعة للدوائر التي يتم انتخاب أعضائها خلال الاجتماعات البلدية حيث يتعين أن يكون خمسة أعضاء من أصل عشرة نساء. (مشروع الكوتا، 2014)
- يُنتخب رؤساء وأعضاء البلديات باقتراع عمومي تشمل فيه دائرة التصويت المواطنين البالغين فقط في كل مناطق المجالس المحلية. ويتم انتخاب مستشاري المجالس حسب عدد الدوائر (CLGF، 2013).
- تتحمل وزارة الحكامة المحلية والتنمية القروية (MLGRD) مسؤولية إصلاح نظام الحكامة المحلية وتطبيق اللامركزية (CLGF 2013).

فعاليات المجتمع المدني

- تسعى شبكة حركة العدالة والتنمية (NMJD) للارتقاء بسيراليون ووضعه في مصاف البلدان التي تسودها الحرية ويعمها العدل والديمقراطية من خلال تعزيز وبناء قدرات المواطنين. ويتسنى هذا من خلال التنسيق مع الحكومة فيما يتعلق بإصلاح السياسات والاحتكاك مع القاعدة الشعبية (ب.ت. NMJD).
- تسعى حملة الحكامة الرشيدة (CGG) لإقامة دولة أكثر ديمقراطية عبر إشراك المواطنين في الحكامة من خلال النهوض بثقافتهم القانونية وبناء قدراتهم وتربيتهم على المواطنة (CGG، 2014).

مؤسسات بناء القدرات

- يحافظ اتحاد المجالس المحلية في سيراليون (LoCASL) على الشراكة بين المجالس الأعضاء 19 ويربط أعضاء سلطات الحكومة المحلية بشكل شامل (UCLG أفريقيا، 2012).
- توفر لجنة خدمات الحكومة المحلية (LGSC) التنظيم والأداء والإشراف والدعم لإدارة الموارد البشرية في المجالس المحلية (المعهد الحضري 2014).

الرقابة الجبائية

- يتيح قانون الحكومة المحلية لكل من المجالس المحلية ومجالس الشيوخ تحصيل الضرائب المحلية والضريبة على الممتلكات والضريبة على التراخيص والضريبة على الأرباح الخ.... يتعين على المجالس المحلية ومجالس الشيوخ تقاسم البعض من هذه الضرائب (CLGF، 2013).
- تتشكل ميزانية المجالس المحلية بالإضافة إلى إيراداتها الخاصة من تحويلات مالية من الحكومة المركزية (CLGF، 2013).

مبادرات رائدة للحكامة المحلية التشاركية

- يضع قانون الحكومة المحلية لسنة 2004 الإطار القانوني للمجالس المحلية ويذكر 80 اختصاصا التي تفوضها الحكومة المركزية إلى نظيرتها المحلية (CLGF، 2013).
- اعتمد بلد سيراليون في سنة 2007 على "نظام محكم لتنظيم التحويلات المالية من الحكومة المركزية إلى الحكومة المحلية والرفع من حجم الاستثمار في الخدمات المحلية وإنتاج منتظم لخطط التنمية التشاركية" (DFID، 2011).
- تمت الموافقة على سياسة اللامركزية الجديدة لسنة 2010 للتوفيق بين قوانين الحكومة المحلية والسياسات اللامركزية الأخرى بغية تعزيز قدرات المواطنين ودعوتهم إلى الانخراط في مسلسل التنمية. هذا إلى جانب تقوية التعاون بين الحكومات والقطاع الخاص والمجتمع المدني (Awareness Times، 2011).
- تم تبني سياسة إدارية تقليدية ونظام حكامة متعلق بمجلس الشيوخ لوضع إطار للحكامة الرشيدة والحد من النزاعات حول الموارد المالية بين المجالس المحلية ومجالس الشيوخ (Awareness Times، 2012، CLGF، 2013).

تحديات الحكامة المحلية التشاركية

- تجتاز العديد من لجان التنمية التابعة للدوائر أوقاتا مالية عصيبة تكون فيها غير قادرة على عقد اجتماعات بشكل منتظم. وتشكو هذه الجان من قلة الموارد وضعف الرقابة مما يزيد من حدة الفساد (CR، 2012).
- يجب تقوية نظام الضرائب على المستوى المحلي وتوضيح العلاقة المتعلقة بالضرائب التي تربط المجالس المحلية ومجالس الشيوخ (البنك الدولي، 2014).
- يتعين تحسين فعالية المجالس المحلية وفرض المساءلة عليهم والرفع من مدى تجاوبهم مع تطلعات المواطنين وكذا الحرص على شفافية اتخاذ القرارات داخل المجالس المحلية (البنك الدولي، 2014).

قائمة المراجع:

Awareness Times، 2011: "سياسة اللامركزية الوطنية".
Awareness Times، 2012: "في سيراليون، سياسة جديدة لتطهير ذمة شيوخ القبائل".
حملة من أجل الحكامة الرشيدة 2014 (CGG): www.slcgg.org.
منتدى الكومنولث للحكومة المحلية (CLGF)، 2013: "ملامح قطرية عن نظام الحكم المحلي في سيراليون."
التوافق حول الموارد (CR)، 2012: "اللامركزية وبناء السلام في سيراليون".
إدارة التنمية الدولية (DFID)، 2011، فائتورب ولفالي وسيساي: "اللامركزية في سيراليون".
شبكة حركة العدالة والتنمية (NMJD) (ب.ت): www.nmjd.org/home/background.
مشروع الكوتا 2014: "سيراليون".
المدن المتحدة والحكومات المحلية في أفريقيا، 2012: "LOCASL".
المعهد الحضري 2014: www.urban.org/UploadedPDF/413101-local-government-discretion.pdf
البنك الدولي 2014: اللامركزية، المساءلة والخدمات المحلية في سيراليون: تحليل الوضعية والتحديات والفرص الرئيسية للإصلاح ".

جمهورية السودان

عدد السكان: 37.195.349
المرتبة التي تحتلها في سلم التنمية البشرية: 171/187
مؤشر التنمية البشرية:0.414

تواجه الحكومات المحلية في السودان مشاكل حقيقية إذ يتم تعيين الرئيس بدون توفير نوع من الاستقلالية لممارسة صلاحياته هذا بالإضافة إلى بعض التحويلات المالية غير مؤكدة وغير الواضحة مما يُعيق الرئيس في إنجازه لمهامه.

لمحة عن نظام الحكامة المحلي

- تنقسم دولة السودان إلى 17 ولاية ووكل ولاية تنقسم بدورها إلى 133 مقاطعة (Globalsecurity 2014,).
- في سنة 2001، تم إنشاء ديوان الحكومة الفدرالية للتنسيق بين الدولة والمستوى الوطني (UNPAN 2004,).
- يتم انتخاب حكام الولايات ومجالس الدولة (الدستور الوطني المؤقت، 2005). تعين مجالس المقاطعات المنتخبة هيئة تنفيذية ويتم تعيين موظفي الحكومة المحلية والرئيس التنفيذي من طرف حاكم الولاية (Abdalla 2008,).
- لا تتوفر السودان على حصص تشريعية خاصة بعدد مقاعد كل جنس (نظام الكوتا) على المستوى المحلي (Quota Project 2013,).

فعاليات المجتمع المدني

- يسعى المركز الاقليمي لتنمية المجتمع المدني (RCDCS) إلى تقوية المجتمع المدني وتعزيز الديمقراطية وتوفير التربية على المواطنة (RCDCS 2014,).
- تهدف مبادرة التنمية السودانية (SUDIA) إلى تحقيق المزيد من الاستقرار والتنمية والحكامة الرشيدة (SUDIA 2,).

مؤسسات بناء القدرات

- تعنى أكاديمية السودان للعلوم الإدارية بتكوين كل الموظفين العموميين بجميع مستوياتهم إذ ينصب تركيز هذا التكوين على اللامركزية والحكامة الرشيدة. كما تقوم هذه الأكاديمية بإجراء أبحاث إدارية وتوفير خدمات استشارية.(UNPAN 2004,).

الرقابة الجبائية

- تشمل الميزانية المحلية للولايات: أولا: الإيرادات الذاتية التي تم تحصيلها عن طريق الضرائب والرسوم وتكلفة المستخدم. ثانيا: الإيرادات المشتركة التي تتكون من 43 في المائة من ضريبة القيمة المضافة. و ثالثا: الإيرادات الفدرالية (صندوق النقد الدولي، 2012).
- يجب أن تتم المصادقة على الميزانيات المحلية من طرف الدولة (Sudan Vision، 2014).

مبادرات رائدة للحكامة المحلية التشاركية

- خرج إلى حيز الوجود قانون المواطنين المتعلق بالحكومة المحلية لسنة 1971 الإطار القانوني للحكومات المحلية، وبعد مرور سنة، صدر قانون الحكم الذاتي الإقليمي للمنطقة الجنوبية (UNPAN 2004,).
- في سنة 1991، تم اعتماد نظام فدرالي للحكامة والذي قسّم السودان إلى تسع ولايات، وقسّم الولايات إلى مقاطعات ومناطق حكومية محلية. وفي سنة 1994، تزايد عدد الولايات ليصبح 26 ولاية، إلا أنه في سنة 2011 تراجع عددها باستقلال جنوب السودان (الذي يتكون من 10 ولايات) (UCLG Africa and Cities Alliance 2004,).
- بدأت عملية اللامركزية الجبائية في سنة 1995 عندما تم الإعلان عن اتفاقيات تقاسم الإيرادات بين الحكومات المركزية ونظيرتها الفيدرالية (صندوق النقد الدولي، 2012).
- مدد قانون الحكومة المحلية لسنة 2003 سلطة ومسؤولية المستوى المحلي، خاصة في ميادين الصحة والتعليم والتنمية (Huraprim, n.d).
- نص الدستور الوطني المؤقت لسنة 2005 على الطبيعة اللامركزية لدولة السودان (الدستور الوطني المؤقت، 2005).
- في سنة 2010، أجريت انتخابات حكام الولايات وأعضاء مجالس الولايات لأول مرة منذ 24 سنة (SCR، 2010).

تحديات الحكامة المحلية التشاركية

- تواجه الحكومات المحلية تحديا ماليا يتمثل في التحويلات المادية غير المؤكدة وغير الشفافة والناتجة عن استحواذ الولايات على حصة الأسد من الضرائب المحلية (UCLG Africa and Cities Alliance, 2013; Sudan Vision 2014,).
- يشكل النقص في الموظفين المؤهلين وضعف تجهيزات الإدارات تحديا للحكومات المحلية لأداء مهامها المتمثلة في توفير الخدمات الاجتماعية الأساسية (UCLG Africa and Cities Alliance 2013,).
- يتم تعيين رئيس الحكومة المحلية مع محدودية السلط الموضوعة رهن إشارته مما يحول دون قيامه بالمهام المنوطة به خلال ولايته (Sudan Vision، 2014)
- يواجه المواطنون الراغبون في المشاركة في الشؤون المحلية بندرة الفرص المعروضة أمامهم (Sudan Vision 2014,)

قائمة المراجع:
م. عبد الله، 2008: "الفقر وعدم المساواة داخل المجالات الحضرية للسودان: السياسات والمؤسسات والحكامة".
جلوبال سيكيوريتي، 2014: "السودان - الحكومة".
هورابريم: "جمهورية السودان (شمال السودان): السياق الوطني".
الدستور الوطني المؤقت لجمهورية السودان، 2005.
صندوق النقد الدولي 2012 ،((IMF: " السودان: ورقة القضايا المختارة".
مشروع الكوتا 2014: "السودان".
المركز الإقليمي لتنمية المجتمع المدني (RCDCS)، 2012: http://71.18.75.32/en/blog/regional-centre-development-civil-society.
تقرير مجلس الأمن (SRC)، 2010: " مايو 2010 التوقعات الشهرية. السودان".
السودان فيجن، 2014، أ. كيداني: " التزام السودان من التخفيف من عبء الفقر، IPRSP".
المبادرة السودانية للتنمية (SUDIA)، 2013: http://www.sudia.org/index.php/about-us.
المدن المتحدة والحكومات المحلية لإفريقيا (UCLG إفريقيا) و تحالف المدن، 2013: "تقييم البيئة المؤسساتية للحكومات المحلية في إفريقيا"
شبكة الأمم المتحدة للإدارة العامة (UNPAN)، 2004:"جمهورية السودان: ملامح قطرية للإدارة العامة".

طاجيكستان

عدد السكان: 8.008.990
المرتبة التي تحتلها في سلم التنمية البشرية: 125/187
مؤشر التنمية البشرية: 0.622

بادرت جمهورية طاجيكستان بإعداد مشاريع القوانين لتحسين أشكال نظام الحكم الذاتي المحلي والارتقاء بالعمل الانتخابي وتعزيز الأسس الاقتصادية والمالية للسلطات المحلية. غير أن أبرز المعوقات التي يواجهها نظام اللامركزية في طاجيكستان هي الفساد المتفشي في جميع القطاعات والولاء الفطري للزعماء المحليين للحكومة المركزية نظرا لتعيينهم من قبل الرئيس (المدن المتحدة والحكومات المحلية (م.م.ح.م)، 2008، فريدم هاوس، 2012).

لمحة عن نظام الحكامة المحلية

- تتشكل الحكومة المحلية في طاجيكستان من ثلاث مستويات: المستوى المحلي (حكومات قروية ومدنية) وهناك مستوى المقاطعات و المستوى الإقليمي (UNPAN، 2004).
- ويتم انتخاب السلطات المحلية للحكم الذاتي، وهي سلطات حاكمة منذ القدم في طاجيكستان، من قبل مواطني إقليم إداري معين (UNPAN، 2004).
- لا توجد حصص تشريعية خاصة بعدد مقاعد كل جنس على المستوى المحلي (نظام الكوتا) (IDEA, 2013).

فعاليات المجتمع المدني

- يعتبر مركز المبادرة المدنية (CCI) منظمة تهتم بإرساء قواعد العمل الديمقراطي (CCI, 2014).
- يهدف المركز المستقل لحماية حقوق الإنسان إلى ضمان النفاذ إلى المعلومة بشكل شفاف عن طريق إقامة حلقات دراسية وتكوينية وإجراء المرافعات وتقديم المساعدة القانونية (NED, 2013).

مؤسسات بناء القدرات

- يعمل مشروع الحكامة المحلية ومشاركة المواطنين (LGCP)، الذي تموله الوكالة الأمريكية للتنمية الدولية (USAID) ويديره المعهد الحضري، جنبا إلى جنب مع الحكومة الوطنية لتعزيز الحكامة المحلية الديمقراطية من خلال بناء قدرات المسؤولين المحليين وإفساح المجال أمام مشاركة المواطنين وتعميم حق الوصول إلى المعلومة (المعهد الحضري، 2014).

الرقابة الجبائية

- يحق للسلطات المحلية إعداد الميزانية الخاصة وتنفيذها مع فرض الرسوم المحلية والضرائب وأداء الواجبات (UNPAN، 2004).
- تشكل الميزانيات المحلية ثلث مجموع إيرادات الميزانية العامة (UNECE، 2001)
- يتم تحديد العلاقة بين الميزانيات المركزية والمحلية سنويا. يقوم البرلمان بتقدير النصيب المحلي من الإيرادات والرسوم الضريبية الوطنية بعد إعداد التوقعات الخاصة بالضرائب والنفقات الممولة من قبل الميزانيات المحلية. بالإضافة إلى تقدير التحويلات الموجهة لتغطية العجز في الميزانية المحلية.

مبادرات رائدة للحكامة المحلية التشاركية

- أقرت طاجيكستان في فبراير سنة 1991 قانونا متعلقا بالحكم الذاتي المحلي والتمويل المحلي مما يمهد لإنشاء الحكم الذاتي المحلي. كما راجعت البنية الإدارية الإقليمية وفقا لمبادئ اللامركزية (UNECE، 2001).
- تم إنشاء منظمات تطوعية خيرية وغير ربحية في طاجيكستان في منتصف التسعينات (UNPAN، 2004).
- اعتمدت خمس ولايات في طاجيكستان القوانين المتعلقة بأنشطة الهيئات المحلية وسلطات الدولة المحلية وهما: قانون عام 1994 المتعلق ب"سلطة الدولة المحلية" وقانون عام 2007 المتعلق ب"انتخابات نواب المجالس المحلية الشعبية" (م.م.ح.م، 2008).
- في ديسمبر 1994، صادق البرلمان ووضع إطارا قانونيا جديدا للحكامة المحلية معتمدا في ذلك على القانون الدستوري المتعلق بالإدارة العامة المحلية وقانون الحكم الذاتي في المدن والقرى (UNECE، 2001).
- وفي ديسمبر 1999، أقر البرلمان القانون المتعلق بانتخابات المجالس المحلية الذي ينظم إجراءات انتخابات الهيئات المحلية (UNECE، 2001).

تحديات الحكامة المحلية التشاركية

- منذ التسعينات لم تعرف الإدارة العامة أية اصلاحات تذكر لأن معظم الحكومات المحلية تشكوا من بنية تنظيمية معقدة وتشريعات عفا عنها الزمان وفساد ينخر أجهزتها (UNPAN، 2004).
- لم يتم ادخال أية تحسينات أو إجراء أية اصلاحات بخصوص علاقة الحكومات المحلية فيما بينها مما يزيد من صعوبة وضع إطار للعلاقات المتبادلة ويُعقد من مسؤولية تفويض السلط، ويزيد من حدة العلاقات التعاقدية التي تربطها. بالإضافة إلى صعوبة تحديد صلاحيات الأجهزة المحلية (م.م.ح.م، 2008).
- تشكو الحكومة من قلة الوقت وندرة الموارد للاحتفاظ بموظفي الخدمة المدنية (UNPAN، 2004).
- يتم تعيين معظم القادة المحليين من قبل الرئيس، وبالتالي يكون لديهم ولاء للحكومة الوطنية (فريدم هاوس، 2012).

قائمة المراجع:

مركز المبادرة المدنية (CCI)، 2014: http://tajikngo.centreict.net/en/component/k2/item/1390-oo-tsentr-grazhdanskaya-initsiativa.html
فريدوم هاوس، 2012: "طاجيكستان"
المعهد الدولي للديمقراطية والمساعدة الانتخابية (IDEA)، 2010: " جمهورية طاجيكستان ".
الصندوق الوطني للديمقراطية (NED)، 2013: http://www.ned.org/where-we-work/eurasia/tajikistan
المدن المتحدة والحكومات المحلية، 2008: "الملامح القطرية للمدن المتحدة والحكومات المحلية: آسيا الوسطى."
لجنة الأمم المتحدة الاقتصادية لأوروبا (UNECE)، 2001: "الحكومة المحلية في طاجيكستان"
شبكة الأمم المتحدة للإدارة العامة (UNPAN) 2004: "جمهو رية طاجيكستان: ملامح القطرية للإدارة العامة"
المعهد الحضري، 2014: http://www.urban.org/center/idg/projects/europe/tajikistan_LGCP.cfm

أوغندا

عدد السكان: 36.345.860
المرتبة التي تحتلها في سلم التنمية البشرية: 161/187
مؤشر التنمية البشرية: 0.456

عرف مسلسل اللامركزية في أوغندا تحولات كبيرة إذ انتقل من المجالس المحلية المعينة إلى مجالس القيادة المنتخبة شعبيا. وأفادت بعض الأدلة أن النظام المكون من خمسة مستويات يمكّن حكومة البلاد من القيام بكل فعالية بواجبها المتمثل في إشراك المواطنين المحليين في صنع القرار (Devas and Grant، 2003).

لمحة عن نظام الحكامة المحلية

- تتشكل سلطة الحكومة المحلية من خمسة مستويات: 112 مجلس مقاطعة و189 إقليما ومجلسا بلديا و 1373 إقليما فرعيا ومجلس مدينة و8352 مجلس أبرشية {وهي منطقة تخضع لسلطة الأسقف}، و57610 مجلس قروي و حضري (CLGF، 2013).
- يتم اجراء الانتخابات العالية المستوى بتطبيق نظام الفوز للمرشح الحاصل على أكبر عدد من الأصوات ولا يتقدم المرشح للانتخابات إلا بتزكية من الحزب. أما انتخاب مجالس على مستوى أقل فيتم مباشرة عبر الاقتراع السري (CLGF، 2013).
- تشرف وزارة الحكومة المحلية على تطبيق نظام اللامركزية والحكامة المحلية على الصعيد الوطني (وزارة الحكومة المحلية، 2014)
- نص دستور سنة 1995 على تخصيص ثلث مقاعد كل مجلس حكومة محلية للنساء (مشروع الكوتا، 2014)

فعاليات المجتمع المدني

- ينظم منتدى أوغندا للمنظمات غير الحكومية الوطنية (UNNGOF) الصفوف عن طريق جمع مختلف المنظمات التي تسهر على الارتقاء بالسياسة وتعزيز بناء القدرات وإجراء بحوث سياسية وتعبئة المنظمات غير الحكومية في شبكة واحدة (UNNGOF، 2014).
- ترسخ وزارة الحكومة المحلية مبادئ الشفافية من خلال التأكد من أن الحكومات المحلية تقوم بواجباتها على أحسن وجه (وزارة الحكم المحلي، 2014).

مؤسسات بناء القدرات

- تقوم جمعية أوغندا للحكومات المحلية (ULGA) بتنظيم دورات تكوينية لقادة الحكومات المحلية لتحسين كفاءتهم المهنية (ULGA، 2014).
- عزز انتشار الراديو بشكل واسع الشفافية في صنع القرار حيث أصبح بإمكان المواطنين المشاركة في مناقشات القضايا المتعلقة بالحكومة المحلية والمجتمع المدني (Kiwanuka، 2012).

الرقابة الجبائية

- تعتبر المنح المقدمة من الحكومة المركزية المصدر الأساسي لإيرادات الحكومة المحلية. ويعتمد توزيع الحصص المالية على صيغة حسابية تأخذ بعين الاعتبار عدة عوامل مثل عدد السكان ومداخيل الضرائب في تلك المنطقة بالإضافة إلى الدخل الفردي. ففي سنتي 2008 و2009، تم تخصيص 12.3 في المائة من إجمالي النفقات الحكومية للحكومة المحلية (CLGF، 2013).
- تقوم الحكومة المحلية بتحصيل الضرائب عبر التدرج في استخلاصها (مع وقف العمل بهذه الطريقة في السنة المالية 2004-2005) وأداء واجبات السوق والتراخيص والرسوم. وتحصل البلديات على مداخيلها عبر فرض الضرائب على الممتلكات واستئجار الأراضي (البنك الدولي، 2009)

مبادرات رائدة للحكامة المحلية التشاركية

- وضع قانون الحكومة المحلية لسنة 1997 سياسة اللامركزية (IFPRI، 2011).
- تضاعف تقريبا عدد مجالس المقاطعات في العقد الماضي مما رفع من مستوى المشاركة محليا (CLGF، 20133).
- في سنة 2010، قامت كل من جمعية السلطات الحضرية لأوغندا وشراكة التنمية البلدية وجمعية المدينة الدولية وإدارة الأقاليم بتوحيد الجهود لمساعدة الحكومة على التحضر في مقابل تمكين الحكومات المحلية من الرفع من المشاركة الفعالة للمواطنين (ICMA، ب.ت.).

تحديات الحكامة المحلية التشاركية

- لقد واجهت أوغندا تحديات في تحقيق التوازن بين الاعتراف بالقيادة التقليدية وإنشاء حكومة لامركزية. فوحدها الأقاليم الفرعية ومجالس المقاطعات من لديها السلطة السياسية والموارد اللازمة لتوفير الخدمات العامة (Kiwanuka، 2012).
- محدودية الموارد المالية للحكومات المحلية تجعلها تعتمد إلى حد كبير على منح الحكومة المركزية (IFPRI، 2011).

قائمة المراجع:
منتدى رابطة الشعوب البريطانية الكومنولث للحكومة المحلية (CLGF)، 2013: "ملامح قطرية لأوغندا".
ن. ديفاس، و ي. غرانت، 2003، الإدارة العامة والتنمية: "عملية صنع القرارات للحكومة المحلية ومشاركة المواطنين والمساءلة المحلية: بعض الأدلة من كينيا وأوغندا."
أي سي إم إي (ICMA)، ب. ت: "تعزيز الحكومات المحلية الحضرية في أوغندا".
المعهد الدولي لبحوث السياسات الغذائية (IFPRI)، 2011: "اللامركزية وتقديم الخدمات القروية في أوغندا."
كيوانوكا، إم. 2012، مجلة دراسات الحكومة المحلية الافريقية والآسيوية: "اللامركزية والحكامة الرشيد في إفريقيا: التحديات المؤسساتية للحكومات المحلية في أوغندا".
وزارة الحكومة المحلية، 2014: http://www.molg.go.ug/.
مشروع الكوتا، 2014: "أوغندا".
جمعية أوغندا للحكومات المحلية (ULGA)، 2014: http://www.ulga.org/.
منتدى أوغندا الوطني للمنظمات غير الحكومية (UNNGOF)، 2014: http://ngoforum.or.ug/.
البنك الدولي، 2009: "حرية تصرف الحكومة المحلية ومساءلتها: تطبيق إطار الحكامة المحلية".

فيتنام

عدد السكان: 88.772.900
المرتبة التي تحتلها في سلم التنمية البشرية: 127/187
مؤشر التنمية البشرية: 0.617

قامت الفيتنام بمساعي حثيثة لنقل السلطة إلى الحكومات المحلية على مدى العقدين الماضيين، فيما لم يعرف مرسوم الديمقراطية الشعبية طريقه بعد نحو التنفيذ. وأما المشاركة في التخطيط على المستوى المحلي فغالبا ما تكون لأغراض شكلية (البنك الدولي، 2010)

لمحة عن نظام الحكامة المحلية

- تتشكل بنية الحكومة المحلية للفيتنام من ثلاثة مستويات: الأقاليم والمقاطعات والبلديات. يوجد 63 إقليما يضم 5 مدن. وتضم الأقاليم ما يقارب 9 مقاطعات قروية و 145 بلدية، وتضم كل بلدية من 10 إلى 15 قرية (IFAD، 2012).
- يوجد جهاز تمثيلي (مجلس الشعب) وجهاز تنفيذي (لجنة الشعب) في كل مقاطعة. ويتم انتخاب أعضاء مجالس الشعب عن طريق اقتراع مباشر سري (المدن المتحدة والحكومات المحلية (م.م.ح.م)، 2008)
- تهتم وزارة الشؤون الداخلية بمعالجة معظم شؤون الحكومة المحلية (م.م.ح.م، 2008)
- لا توجد حصص تشريعية خاصة بعدد مقاعد كل جنس (نظام الكوتا) على المستوى المحلي (IDEA، 2012).

فعاليات المجتمع المدني

- يقوم اتحاد النساء الفيتناميات (VWU) بحماية حقوق المرأة والمساهمة في وضع القوانين والسياسات المتعلقة بالمساواة بين الجنسين والإشراف عليها (VWU).
- يعتبر مركز البحوث للتسيير والتنمية المستدامة (MSD) منظمة غير حكومية تعنى بتطوير كفاءة منظمات المجتمع المدني إلى جانب تشكيل تحالفات بينها وبين الحكومة لغرض تطوير السياسة الديمقراطية (MSD، 2012).

مؤسسات بناء القدرات

- يعتبر صندوق المشاركة العامة وتيسير المساءلة (PARAFF) جزءا من برنامج دانمركي التمويل يدعم المنظمات غير الحكومية الفيتنامية من خلال مساعدتها ماليا وتعزيز بناء قدراتها لتيسير انخراطها بشكل أفضل في الحياة العامة (PARAFF، 2014).
- جمعية مدن الفيتنام (ACVN) هي منظمة اجتماعية تطوعية تمثل المدن الفيتنامية وتعتبر المنظمة الوحيدة للحكومات المحلية في فيتنام (ACVN, 2014).

الرقابة الجبائية

- "لقد كان هناك تحويل مهم للموارد ونقل للمسؤوليات من المستوى المركزي إلى المستوى المحلي ... وتتمتع الأقاليم باستقلالية لا بأس بها في الميزانية غير أن التقارير حول النفقات التي تُرفع إلى المستوى المركزي تبقى ضعيفة نسبيا" (IFAD، 2012).
- تكوّن إجمالي الإيرادات المحلية سنة 2002 من 53.6 في المائة من التحويلات ومائة في المائة من الضرائب المحلية (24.0 في المائة) و 22.4 في المائة من الضرائب المشتركة. هذا وبلغت نسبة النفقات المحلية 47.7 في المائة من إجمالي نفقات الدولة (م.م.ح.م، 2008)

مبادرات رائدة للحكامة المحلية التشاركية

- لقد مرت الفيتنام من ثلاث فترات رئيسية لمسلسل اللامركزية تمتد الفترة الأولى من سنة 1946 إلى سنة 1960 وهي الفترة التي عرفت إنشاء مجالس الشعب واللجان الإدارية بموجب أول دستور عرفته البلاد (IFAD، 2001).
- ركزت الفترة الثانية التي تمتد من سنة 1960 إلى سنة 1992 على تعزيز الوحدة الوطنية وتقوية نظام المركزية الإدارية (IFAD، 2001).
- بدأت المرحلة الثالثة في سنة 1996 مع تطوير سوق اقتصادية حيوية. كما وضع مرسوم الديمقراطية الشعبية لسنة 1998 إطارا لتطوير نظام اللامركزية (IFAD، 2001).
- يدعو مرسوم الديمقراطية الشعبية إلى تعزيز الشفافية والرفع من مشاركة المواطنين من خلال دعوة المجالس المحلية إلى استشارة السكان حول القرارات المتخذة (Wescott، 2003).

تحديات الحكامة المحلية التشاركية

- تبقى محفزات الديمقراطية التشاركية ضعيفة بالنسبة للمواطنين والدولة وبالتالي فإن التغيير المنشود لم يتحقق بعد. لهذا فوجب وضع قواعد وحوافز جديدة لحث المواطنين على المشاركة بكثافة وبكل فعالية في تخليق الحياة العامة (UNDP، 2006).
- تفتقر بعض الأحزاب والسلطات المحلية إلى حس فهم هموم المواطنين نظراً لغياب قيادات تأخذ على نفسها دور تنفيذ أحكام الديمقراطية الشعبية (م.م.ح.م، 2008).

قائمة المراجع:
جمعية مدن فيتنام (ACVN)، 2014: http://www.acvn.vn/
الصندوق الدولي للتنمية الزراعية (IFAD)، 2012: "تقييم البرنامج القطري".
الصندوق الدولي للتنمية الزراعية (IFAD)، 2001: "ملف عن الفيتنام: نقد وتقييم"
المعهد الدولي للديمقراطية والمساعدة الانتخابية (IDEA)، 2012: فيتنام".
صندوق المشاركة العامة وتيسير المساءلة (PARAFF)، 2014: http://www.paraff.org/en/about-us/who-we-are
مركز البحوث للتسيير والتنمية المستدامة (MSD)، 2012: http://msdvietnam.org/home/.
المدن المتحدة والحكومات المحلية (UCLG)، 2008: "جمهورية الفيتنام الاشتراكية".
برنامج الأمم المتحدة الإنمائي (UNDP)، 2006: "تعزيز الديمقراطية وتقوية المشاركة الشعبية في فيتنام."
اتحاد النساء الفيتناميات (VWU): http://www.hoilhpn.org.vn/?lang=EN
وسكوت، سي.، 2003، تقرير حول التسيير العام الدولي: "التراتبية الادارية والشبكات والحكومة المحلية في فيتنام "
البنك الدولي، 2010 : " تقرير حول التنمية في الفيتنام لسنة 2010: المؤسسات الحديثة."

استطلاع الرأي- الدراسة لسنة 2014

يقوم استطلاع الرأي- الدراسة لسنة 2014 على نفس إطار العمل خماسي الأبعاد لسنة 2013، إلا أن الأسئلة أصبحت مباشرة وموضوعية بحيث تتم الإجابة بـ: "نعم" أو "لا" أو لا جواب. باستثناء ما هو مبين. ويتم تسجيل كل جواب بشكل منتظم: 0 للجواب السلبي، و يتم ترتيب السؤال حسب إيجابيته من 1 إلى 3.

تم تقسيم كل من الأبعاد الخمسة إلى أسئلة متعلقة بالإطار القانوني وتصور الأفراد إلى أي حد نجح التنفيذ وذلك من خلال تقديم عشرة مؤشرات فرعية. كل مؤشر فرعي يتم ترتيبه ليتراوح من 0 إلى 100، وتساوي 100 علامة على الدرجة المطلقة التي تعكس أقصى نقطة إيجابية ممكنة.

يتم احتساب التصنيف بترتيب تصاعدي في جميع التقارير بحيث 1 يعني الأفضل وتأتي بعده المراتب الأضعف.

1. مواطنة تشاركية نشيطة

1.1 الوعي

قانوني

1.1.1 الحق في قانون المعلومات.

1.1.2 إلزامية الجواب بخصوص ملتمسات الحق في قانون المعلومات.

1.1.3 يتعين على الحكومات المحلية نشر ميثاق حقوق المواطن ومستحقاته وسبل الولوج إليها.

1.1.4 صنف قدرة المواطنين على معرفة المعلومات حول الحكومة المحلية:
(صعبة جدا / صعبة نوعا ما / تتقدم ببطء / سريعة)

1.1.5 صنف مدى وعي المواطنين بحقوقهم ومستحقاتهم:
(منعدم الوعي / قليل الوعي / واعي جدا)

1.1.6 يمكن للمواطنين أداء مقابل الاتصال بتكلفة معقولة على حساب وقتهم ومواردهم.

1.1.7 كم من يوم تعتقد سيستغرق مواطن ليتلقي الردود بشأن طلب الوصول إلى المعلومات؟ (أقل من 7 أيام / بين 7 و 30 يوم / أكثر من 30 يوما).

1.2 شامل

1.2.1 هناك منتديات عمومية إلزامية على المستوى المحلي.

1.2.2 يتعين تنظيم المنتديات في وقت ومكان مناسبين للمرأة وللفئات المهمشة.

1.2.3 تتوفر المجالس المحلية على نظام الكوتا أو حجز المقاعد للنساء وللفئات المهمشة.

1.2.4 يتم تنظيم منتديات عمومية بشكل منتظم حسب مقتضيات القانون.

1.2.5 ماهو التوازن النموذجي بين الجنسين في المشاركة في الحياة العامة.
(تقريبا 1 من أصل 10 / /3 من أصل 10 / 5 من أصل 10)

1.2.6 إلى أي حد يجب على الأقليات الدينية والجماعات الإثنية المشاركة في الشأن المحلي؟
(نادرا / حسب عددهم / أكثر من النصف لضمان حقوقهم / ل.ج).

1.3 التنظيم

1.3.1 المنظمات المدنية لها صفة قانونية خلال التقاضي (الدعاوى الجماعية)

1.3.2 إلى أي مدى يسعى المواطنون للحصول على حقوقهم من خلال المنظمات المجتمعية والاتحادات والجمعيات؟
(نادرا / في بعض الأحيان لكن ينتابهم الخوف / باستمرار)

1.3.3 هل تتوفر النساء والفئات المهمشة على مجموعات تضم مواطنين فعالين؟
(ليس بعدد منظمات الرجال والأغلبية / تتوفر على نفس العدد / تتوفر على عدد أكبر بقليل).

1.4 المشاركة

1.4.1 هل تتوفر مشاركة المواطنين على الآلية الآتي ذكرها: النصاب القانوني لعقد اجتماعات عامة، المشاركة المباشرة للمواطنين في الهيئات الفرعية للسلطات المحلية، آليات رفع المظالم.

1.4.2 كيف تصنف مشاركة المواطنين في الآليات الآنفة الذكر:
(ضعيفة / نشيطة ولكن بدون فعالية / نشيطة وفعّالة)

2 اللامركزية السياسية

2.1 الديمقراطية

2.1.1 ينص القانون على المجالس المحلية المنتخبة.

2.1.2 يتم تنظيم الانتخابات بشكل منتظم بدون قرار من الهيئات الحكومية العليا.

2.1.3 هناك آليات قانونية لضمان نزاهة وشفافية الانتخابات المحلية.

2.1.4 يتم اختيار المرشحين للمناصب المحلية من:
(الزعامات الحزبية / الانتخابات الأولية)

2.1.5 يصوت المواطنون على إزاحة المسؤولين من مناصبهم:
(نادرا / متى اقتضي الأمر ذلك)

2.1.6 هل يشارك المرشحون اللامنتمون في الانتخابات المحلية
(نادرا / متى اقتضى الأمر ذلك)

2.1.7 هل البيانات الرسمية التي تصدرها معظم الأحزاب تدعم اللامركزية؟
(لا / بعض الأحزاب فقط / معظم أو كل الأحزاب)

2.2 الحكم الذاتي

2.2.1 يمنح الدستور صلاحيات اتخاذ بعض القرارات المحددة للحكومة المحلية.

2.2.2 مَن المخول له سلطة إزاحة مسؤول من منصبه؟
(المحكمة فقط / البيروقراطيون)

2.2.3 في الممارسات اليومية، مَن مِن الآتي ذكره حاول القفز على القرارات المحلية: الأحزاب السياسية، البيروقراطيون، الزعماء الدينيون، رجال الأعمال.

2.3 **المساءلة**
2.3.1 يجب أن تكون نفقات الحكومة المحلية محط افتحاص.
2.3.2 يجب على الحكومات المحلية نشر تقارير سنوية حول المشاريع والأنشطة التي قامت بها.
2.3.3 هل فعلا الحكومات المحلية تنشر تقارير سنوية حول المشاريع والأنشطة التي قامت بها.
(دائما / في بعض الأحيان / نادرا)

2.4 **الشفافية**
2.4.1 اجتماعات الحكومة المحلية مفتوحة أمام الجميع
(لا / بعض الجلسات / أغلب الجلسات / كل الجلسات)
2.4.2 من القانوني نشر خبر دقيق حتى لو كان يضر بسمعة شخصية عمومية.
2.4.3 فرصة التدقيق في قرارات السياسة المحلية قبل تنفيذها مكفولة للعموم.
2.4.4 سجلات وبيانات الحكومة المحلية هي في متناول الجميع.
2.4.5 تسمح الحكومة بحرية التقارير الإخبارية التي تضر بسمعة الموظفين العموميين.
(دائما / في بعض الأحيان / نادرا)
2.4.6 المشتريات الحكومية واضحة وشفافة
(دائما / في بعض الأحيان / أبدا)
2.4.7 هناك مكان يمكّن المجتمع من الاطلاع على خطط الحكومة المحلية.
(الإنترنيت، مكاتب الحكومة المحلية، المكتبات،...)

3 **اللامركزية الإدراية**
3.1 **اللامركزية**
3.1.1 عمال الصفوف الأمامية (موظفو قطاع الصحة والتعليم) يمكن الاستعانة بخدماتهم أو تسريحهم على المستوى المحلي.
3.1.2 يمكن اتخاذ القرارات حول الخدمات العامة محليا.
(نادرا / في بعض الأحيان / غالبا)
3.1.3 تقوم الحكومة المحلية بتدبير ومراقبة المرافق التالية (نعم / جزئيا / لا):
الصحة والتعليم والماء والتطهير والطرقات المحلية والكهرباء والشرطة والاقتصاد والتنمية والعدل وتسوية النزاعات
3.1.4 ليس هناك تداخل المسؤوليات فيما يخص مختلف مستويات الحكومة
(نعم / جزئيا / لا)
3.2 **التكوين**
3.2.1 يتعين على السلطات المحلية تلقي تكوينات في المجالات التالية: الشفافية، تقديم الخدمات، أخلاقيات المهنة، إدماج الأقليات، الإدارة، الضرائب، العدل والسلامة العامة
3.2.2 هل تعتقد أن الحكومة المحلية مؤهلة للقيام بواجبها.
(نعم / في بعض الحالات / لا)
3.3 **الفعالية**
3.3.1 تراقب الحكومة المحلية بشكل مباشر الخدمات العامة.
3.3.2 تتلقى الحكومة المحلية بيانات بانتظام حول الخدمات العامة (مثل: أرقام التسجيلات، بيانات لها علاقة بقطاع الصحة)
(مطلقا / في بعض الحالات / دائما)
3.3.3 تنظم الحكومة المحلية المنتديات العامة لتحسين الخدمات العامة.
(نادرا / في بعض الأحيان / بانتظام)
3.3.4 هل يعتبر أداء الحكومة المحلية الحضرية في القطاعات المذكورة في السؤال رقم 3.1.3 جيدا / مقبولا / ضعيفا؟
3.3.5 هل يعد أداء الحكومة في القطاعات المذكورة في السؤال رقم 3.1.3 جيدا / مقبولا / ضعيفا؟

4 **اللامركزية الجبائية**
4.1 **مدعومة**
4.1.1 هناك معايير موضوعية للقيام بتحويل مالية من المستوى الوطني إلى المستوى المحلي.
4.1.2 هناك إيرادات محددة ومضمونة للحكومة المحلية
4.1.3 تقدر الموارد العامة التي في حوزة الحكومة المحلية
(أقل من 10 في المائة / من 10 إلى 20 في المائة / أكثر من 20 في المائة)
4.1.4 كيف يُنظر إلى الحكومة المحلية: ممولة بالشكل الكافي، شفافة ونزيهة في استغلال وتدبير الأموال العامة.
4.1.5 هل تستلم الحكومة المحلية الدعم المالي من الحكومة المركزية خلال الربع الأول من السنة المالية
(دائما / في بعض الأحيان / نادرا أو مطلقا)
4.2 **المستقلة**
4.2.1 تحدد الحكومة المحلية الميزانية الخاصة بها.
4.2.2 يتعين على الحكومة المحلية نشر ميزانيتها أمام العموم.
4.2.3 هل تعتبر الحكومة المحلية فعالة في تحصيل الضرائب المحلية.
(دائما / في بعض الأحيان / نادرا)
4.2.4 ليس هناك تدخل بيروقراطي أو سياسي في اتخاذ قرارات الميزانية للحكومة المحلية.
(دائما / في بعض الأحيان / نادرا)

5	التخطيط لمختلف القطاعات
5.1	الكفاءة
5.1.1	تتوفر الحكومة على تفويض قانوني لوضع خطة مكتوبة متعددة السنوات للخدمات المحلية.
5.1.2	يمكن للحكومة المحلية الحصول على تكوينات أو تسهيلات في وضع خطط متعددة السنوات.
5.1.3	قدرة الحكومة المحلية على وضع خطط متعددة السنوات:
	(لا توجد / ضعيفة / موجودة ولكن لا تتقدم / تتقهقر)
5.2	التداولية
5.2.1	هناك شرط قانوني لإشراك العامة في التخطيط للحكومة المحلية.
5.2.2	هناك شرط قانوني لوضع الميزانية التشاركية.
5.2.3	إشراك المواطنين في التخطيط للحكومة المحلية:
	(منعدم / محدود في بعض القطاعات / شامل لكن دون جدوى / شامل وذو جدوى)
5.2.4	إشراك المواطنين في وضع الميزانية:
	(منعدم / محدود في بعض القطاعات / شامل لكن دون جدوى / شامل وذو جدوى)

مرتبة	مركب			تخطيط		مالي		إداري		سياسي		نشاط المواطنين		مجموعة	
	متوسط	P	L	P	L	P	L	P	L	P	L	P	L		مقاطعة
23	53	56	50	33	50	50	50	74	67	68	34	58	50	1	أذربيجان
13	59	53	66	55	100	37	66	48	22	67	54	55	89	2	بنغلاديش
10	61	49	72	66	100	37	66	45	80	56	54	43	60	3	بنين
36	46	30	61	33	50	12	66	34	54	31	77	39	60	1	البوسنة والهرسك
28	51	33	69	29	67	25	83	25	47	37	77	50	73	5	البرازيل
46	33	23	42	11	50	0	50	22	54	49	39	33	20	3	فاسو
1	83	78	89	88	100	62	83	90	87	62	93	87	80	3	بوروندي
11	60	47	73	99	100	0	62	43	67	40	54	52	80	2	كمبوديا
48	31	22	39	11	0	0	83	32	33	31	51	35	30	3	الكاميرون
37	45	32	57	22	50	37	62	29	74	43	70	30	30	5	تشيلي
44	38	45	32	33	50	47	42	75	20	27	17	42	30	2	الصين
35	47	26	68	33	100	12	50	9	67	31	54	43	70	5	كولومبيا
21	55	39	71	28	88	44	66	34	57	39	70	52	75	5	كوستاريكا
32	49	36	62	55	75	12	66	30	65	37	62	46	40	3	كوت ديفوار
13	59	33	85	44	100	37	100	20	80	30	77	35	70	3	DRCongo
3	80	66	94	66	100	62	83	59	94	62	93	82	100	3	أثيوبيا
4	72	74	70	44	75	62	100	95	54	74	93	95	30	6	فنلندا
11	60	54	67	44	50	78	66	52	80	43	70	52	70	6	فرنسا
19	56	32	80	22	100	12	100	48	67	49	93	26	40	3	غانا
25	52	32	71	22	100	12	66	20	33	49	85	57	70	5	غواتيمالا
25	52	39	64	33	75	25	66	30	60	74	54	33	67	2	الهند
6	68	40	96	55	100	25	100	39	94	37	85	43	100	2	أندونيسيا
8	67	56	79	66	75	37	83	56	54	56	93	65	90	6	ايطاليا
47	32	34	30	11	0	12	33	29	40	49	17	66	60	4	الأردن

28	51	40	63	32	61	51	62	42	72	41	65	32	56	1	قرغيزستان
45	37	34	41	22	50	37	50	11	33	37	62	61	10	4	لبنان
5	71	41	100	33	100	37	100	43	107	37	93	56	100	3	ليبيريا
37	45	37	53	55	75	50	33	25	80	37	46	17	30	3	مدغشقر
9	65	57	73	88	75	37	66	43	80	49	93	69	50	3	مالاوي
50	29	19	38	22	25	16	66	16	47	31	43	13	10	2	ماليزيا
6	68	51	85	55	100	37	66	23	94	80	93	61	70	3	مالي
42	40	26	54	44	100	12	33	11	47	25	51	36	40	4	موريتانيا
37	45	37	53	22	50	37	66	36	54	37	54	52	40	2	موريشيوس
40	44	19	69	22	75	0	66	32	74	19	62	22	70	5	المكسيك
فجوة															مجموعات
20	50	40	60	33	53	41	65	47	68	41	56	38	59		أسيا: E + S
24	50	38	62	39	70	26	69	38	57	43	53	42	62		أسيا: C + W
29	57	42	71	48	76	32	74	39	72	46	72	45	62		جنوب الصحراء
11	40	34	45	26	50	30	44	22	48	34	45	57	40		الشرق الأوسط
36	50	31	68	27	84	27	70	22	55	40	71	41	60		أمريكا اللاتينية
11	63	58	69	48	62	56	78	66	63	53	83	66	62		المتقدمة
26	52	40	65	39	71	32	69	37	62	43	65	46	59		عالم